Louis Kretz

Witz, Humor und Ironie bei Jesus

W

Louis Kretz

Witz, Humor und Ironie bei Jesus

Mit einem Vorwort von
Mario von Galli

Walter-Verlag
Olten und Freiburg im Breisgau

2. Auflage 1982

Lektorat Josef Metzinger
Gesamtherstellung in den grafischen Betrieben
des Walter-Verlags
Printed in Switzerland

ISBN 3-530-49000-8

Inhalt

«Zum Geleit»

Eine Schwalbe macht noch keinen Sommer. Deshalb will ich nicht mit einer Hymne beginnen. Trotzdem mußte ich unwillkürlich an den alttestamentlichen Noach in seiner Arche denken, die auf den Wassern der Sintflut dahinfuhr. Die alles Leben ertränkenden Fluten schienen zu sinken, denn es regnete nicht mehr, aber kein Berggipfel war noch zu sehen. Noach ließ eine «Schwalbe» fliegen. Sie kehrte alsbald zurück. Eine Woche später wiederholte er das Experiment. Mit einem Ölzweig im Schnabel kam sie zurück. Die dritte kam nicht wieder. Da wußte Noach, daß das Wasser wirklich sank.

Warum dachte ich an diese plastische, kindliche biblische Geschichte? Nun, ein Buch fiel mir auf den büchervollen Tisch. Den Autor kenne ich nicht. Er ist irgendwie ein Außenseiter, denn er schreibt über Witz, Humor und Ironie bei Jesus. Der Mann gehört offenbar zur älteren Generation, denn ihm eignet ein etwas umständlicher Stil. In der Bibelexegese kennt er sich aber aus. Ein Fundamentalist ist er nicht, sondern kritisch, analysierend, «hermeneutisch» bewandert. Ein Pfarrer aber ist er auch nicht, sondern ein Gymnasiallehrer. Aus mancher kirchlichen Predigt, sagte man mir, zumal wenn sie ein Wort Jesu auslegte, ging er aufgekratzt und voller Widerspruch nachhause. Dort schlug er den Text auf, um diesen selbst zu hinterfragen. Und es lockte unseren Mann, seines Zeichens Altphilologe, die Evangelien im Urtext zu lesen, vor allem die synoptischen: Markus, Matthäus, Lukas. Besinnlich, sich einfühlend in die konkrete Lage. Und siehe, er fand anstelle eines hoheitsvollfremden Wesens einen Mann voll Kraft und Witz. Nicht Witze sind gemeint, sondern Witz, der verblüffend und unerwartet den Nagel auf den Kopf trifft, sich nicht scheut, zu schockieren, so daß selbst die Gefolgsleute entsetzt sind. Kurzum, nacherlebt wird ein aufregender Mensch in allem, was er sagt und tut.

Nichts gegen theologische Diskussion um Gottheit und Menschheit, um den ganz anderen Gott, um Liebe zu den Kranken, Hungernden, Verfolgten; nichts gegen die Resignationsbekämpfer, die meinen, man könne das mit einer Art Insektengift geistiger Art bewerkstelligen; nichts gegen tolle Organisation der sogenannten «kirchlichen Berufe» mit Fachleuten aller Art in vielen Bildungswochen und bis in jede kleine Pfarrei. Das alles ist notwendig in unserer hochentwickelten Welt. Aber unvergleichlich wichtiger sind doch diese Beobachtungen eines Stutziggewordenen, die mich bekannt machen mit der *lebendigen* Gestalt Jesu einst und heute. Denn ohne ihn

ist das alles ohne Mitte, ohne Freude, ohne Kraft: Stroh!
Insofern ist dieses unkonventionelle Buch eben doch eine Schwalbe mit einem Ölzweig über den Wassern unserer heutigen Überschwemmung – und dabei ist das noch eine *ökumenische* Schwalbe, denn der Autor ist Protestant. Aber fast jede Woche erhalte ich, Katholik, eine Einladung irgendwohin, wo sie sich sehnen nach einer «Mitte» voll Kühnheit und Witz, konkret und erlebbar. So will ich mich freuen mit diesem erprobten Jochgenossen (gnesios syzygos, Philipperbrief 4,3) in der Verkündigung des immer nahen herrlichen Gottesreiches, und alle, die dieses Büchlein lesen, werden sich freuen mit uns.

Mario von Galli

Wer hat Ohren?

Er schaut ringsum auf die Leute, hier und dort einen einzelnen oder eine Gruppe ins Auge fassend. Und mit erhobener, beinahe scharfer Stimme sagt er:
Wer Ohren hat, der höre!
Die knappe Aufforderung will nicht Volk herbeirufen. Sie will auch nicht unter der Menschenansammlung Ruhe schaffen. Das ist kaum nötig. Die Leute sind von selbst gekommen, als es hieß, der Mann aus Nazaret wolle zu ihnen reden. Und sie sind verstummt, sobald er zu sprechen anfing. Denn ihm war der Ruf vorausgeeilt, es sei beglückend, aber auch lustig, seinen Worten zuzuhören. Er schickt die Aufforderung auch gar nicht der Rede voraus, sondern läßt sie dem Ende eines Redeteils folgen, abschließend: Was ich da gesagt habe, merkt es euch!

KLEINER SCHERZ AN UNBEDEUTENDEM ORT

Ein unscheinbares Wort ist es, ein belangloses. Aber ein kleiner Zauber ist darin. Während Jesus es spricht, ist wohl ein kleines Lächeln auf seinem Gesicht, wahrnehmbar vielleicht bloß im Aufblitzen der Augen. Und wenn ich mir vorstelle, ich befände mich unter seinen Zuhörern, so meine ich in der Miene des einen oder andern Nachbarn ein leises Zeichen der Belustigung zu finden.

Denn in dem kleinen Wort ist Scherzhaftes. Wir, die Zuhörer, werden da ein wenig und für einen kurzen Augenblick genarrt. Da sich das Wort ausdrücklich an diejenigen richtet, die Ohren haben, so müßte es ja andere geben, die ohrenlos sind. Ein Zerstreuter könnte sich seitlich an den Kopf greifen, um nachzuprüfen, zu welcher Gruppe er gehört; sieh da, er findet seine Ohren vor: er gehört zu der Gruppe derer, die angeredet sind. Alle sind angeredet. Denn die Gruppe der Ohrenlosen gibt es nicht; aber das Wort tut so, als gäbe es sie.

Der Anruf ist an mehreren Stellen überliefert (z.B. Mt 11,15). Aber nicht jedesmal hat er genau den gleichen Wortlaut. Da heißt es zum Beispiel ein anderes Mal (Lk 14,35):

Wer Ohren hat zum Hören, der höre!

Vorausgesetzt ist jetzt, daß zwar jeder Ohren hat, aber der Wortlaut tut so, als besäßen die einen die Ohren zum Hören, die andern zu etwas anderem. Dabei hat niemand seine Ohren zu einem andern Zweck...

Man kann sich fragen, ob Jesus das kleine scherzhafte Wort bereits als eine allgemeine Redensart zur Verfügung hatte. Da es im Alten Testament nicht vorkommt, obgleich ja der Gelegenheiten genug wären, und da er selber es in verschiedenem Wortlaut bringt, ist es wohl zu seiner Zeit noch keine festgeprägte Redensart. Dagegen sagte man wohl, wie überall und zu allen Zeiten: Hast du keine Ohren? Kannst du nicht hören? So klagte der Prophet Ezechiel einmal (Ez 12,2) über das Volk, «das Augen hat zu sehen und doch nicht sieht und Ohren zu hören und doch nicht hört». Und so sagt auch Jesus (Mt 13,13): «weil sie mit hörenden Ohren nicht hören». Somit darf man annehmen, daß unsere kleine Aufforderung von ihm selber in Anlehnung an bereits vorhandene Redewendungen geprägt worden ist. Es fällt aber auf, daß der kleine Scherz, von dem wir sprechen, in jenen bereits gebräuchlichen Wendungen noch nicht enthalten ist, sondern erst in diesem seinem Anruf. «Wer Ohren hat» – Wer von euch hat Ohren?

Kleidet Jesus nun eine Belanglosigkeit in eine scherzhafte Form, um sie zu würzen und schmackhaft zu machen? Um einen kleinen Erfolg der Heiterkeit zu erzielen? Gewiß nicht. Überlegen wir einmal: Angenommen, er spräche die Aufforderung durch die nackten beiden Wörter aus: Jeder höre! Welches der beiden würde er betonen? Am liebsten beide. Denn er meint beides: *jeder* höre! – aber auch: jeder *höre*! Und nun bemerken wir, daß der kleine Scherz es nebenher übernimmt, jedem der beiden Bestandteile einen Nachdruck zu verschaffen (der sich von der Betonung durch die Stimme unterscheidet), einen ge-

dankliche Klaps sozusagen, der für beide Bestandteile von verschiedener Art ist. Der Bestandteil «jeder» erhält seinen Klaps durch den Umweg der kleinen Täuschung; man stutzt einen kurzen Augenblick: «Wer Ohren hat» – wer ist das? – eben *jeder*... Der Bestandteil «höre» erhält einen andern Klaps; da schon die Ohren erwähnt sind, ergibt sich eine töricht anmutende Selbstverständlichkeit: Der, der Ohren hat – was soll der? – *hören* soll er mit ihnen!...
Aber wir spüren, daß die Wirkung dieses Wortes weit über die durch den Scherz hervorgerufene kurze Verblüffung hinausgeht. Da nämlich niemand die Ohren zu etwas anderem hat als zum Hören, wäre der Zuruf, im Wortlaut genommen, sinnlos. Einen Sinn gewinnt er erst für den, der «hören» in erweiterter Bedeutung nimmt, nämlich: Benütze die Ohren nicht bloß, um zu hören, sondern, um richtig zu hören; richtig hören aber heißt: verstehen; verstehen aber heißt: beherzigen!
Kurzum, das zupackende Wort erzeugt in uns allerlei Bewegung. Und es ist Bewegung in die Weite und in die Tiefe. Das kleine Wort strebt über seine Wörtlichkeit hinaus, über den Augenblick hinaus, zielt ins Herz. Die an sich belanglose Aufmunterung hat ihre Belanglosigkeit abgelegt, hat Eindringlichkeit und tiefen Ernst erhalten.
Wenn wir von hier aus wiederum versuchen, Jesus ins Gesicht zu schauen, so meinen wir zu erkennen, daß das Blitzen in seinen Augen, das wir bereits er-

wähnten, offenbar nicht bloß dem kleinen Scherz gilt, sondern zugleich eine eigentümliche Kraft der Leidenschaft birgt. Und sollte dieses Blitzen in den Augen auch von einem Lächeln begleitet sein, so wäre dies kein Lächeln der Gemütlichkeit, das vom Ernst wieder einen Teil wegwischt, sondern ein Lächeln, das gerade dem Ernst funkelnde Eindringlichkeit verleiht. Und schätzen wir nun auch den Tonfall in seiner Stimme ab, so ist er gewiß nicht sich anbiedernd, ja, nicht einmal in erster Linie scherzend, sondern viel eher eindringlich, hochgemut, aufrüttelnd. Hört die frohmachende Botschaft! Bewahrt sie im Herzen! Wer Ohren hat, der höre!

WAS MEINEN WIR MIT WITZ?

In einem unscheinbaren Wort also stellen wir eine erstaunliche Kraft des Witzes fest. Scherz und Witz finden sich aber in den Worten Jesu keineswegs bloß am Rande, keineswegs bloß in Nebensächlichem. Wir beobachten, daß er sehr oft hohe und höchste Gedanken, solche sogar, die den Kern seiner Lehre betreffen, in Worte kleidet, aus denen Witz herausleuchtet. Und der Witz wird nie den Ernst des Gedankens beeinträchtigen, er wird im Gegenteil die Aussage und ihren Ernst emporheben, ja, zuweilen wird er den Gedanken erst richtig verständlich machen. Es ist deshalb nicht abwegig, dem Witz in den

Worten Jesu nachzuspüren. Das führt nicht vom Wort weg, sondern zu ihm hin.

Was meinen wir mit Witz? Unser deutsches Wort «Witz» bedeutete in früheren Zeiten nichts anderes als Verstand, erhielt aber gelegentlich und immer häufiger eine Bedeutungsfärbung, die in die Richtung der geistreichen Rede weist. Für meinen Gebrauch sage ich: Der mit Witz Begabte freut sich daran, in Worten (oder Taten) seine erfindungsreiche Begabung spielen zu lassen; es reizt ihn immer wieder, einem Gedanken in überraschender Weise Gestalt zu geben. Er wird aber nicht an seinen Erfindungen herumtüfteln; es ist vielmehr ein Zeichen seiner wachen Geistesgegenwart, daß er die Gelegenheit einer kühnen Ausdrucksart blitzschnell wahrnimmt. Wir werden übrigens hier mit Witz stets die Gabe, nicht das Produkt meinen: Jesus hat Witz, er macht nicht Witze.

Die Betätigung des Witzes ist eine Art Kunst. Jede Kunst aber, sofern sie echt ist, hat ihren Sitz und ihre Quelle in der Wesensart des Ausübenden. Bei kaum einem Menschen wurzelt jedoch die Begabung des Witzes so tief in der Wesensart wie gerade bei Jesus. Bei kaum einem ist die Kunst des Witzes so ausgesprochen einmalig wie bei ihm. Sein Witz, gerade weil er im tiefen Wesensbereich wurzelt, setzt für seine Entfaltung nicht den Zufall der Wohlgelauntheit voraus. Das kühne und überraschende Wort entspringt gewiß oft der Begeisterung, häufig aber auch der Empörung, dem Zorn, zuweilen sogar der Bitterkeit. So weist es gelegentlich den Tonfall des Spottes, des Hohns, der Ironie auf. Das witzige und kühne Wort braucht beim Zuhörer gar nicht immer ein Lachen hervorzurufen.

Humor ist eine gemütlichere Abart des Witzes. Wenn wir darunter die Fähigkeit und Vorliebe verstehen, den Dingen des Lebens, besonders den fragwürdigen, eine heitere Seite abzugewinnen, so begegnet er uns bei Jesus nicht sehr häufig. Immerhin werden wir in einigen seiner Worte Humor feststellen, dann etwa, wenn er über eine harmlose Schwäche eines Jüngers liebevoll spottet oder wenn er beim Erzählen eines Gleichnisses über eine kleine Menschentorheit lächelt.

Immer wieder werden wir uns darüber wundern, wieviel Sinn für Kühnheiten und Feinheiten des Wortes Jesus bei seinen Zuhörern voraussetzte – woraus wir wohl schließen können, wie feine Ohren jene Menschen damals besaßen. Sie hatten es freilich leichter als wir: Sie hörten mit ihren Ohren seine Worte und vernahmen den Tonfall seiner Stimme; und vor ihren Augen hatten sie ihn selber, sahen seinen Blick. Wir dagegen lesen geschriebene Worte, wir sind darauf angewiesen, dem Gelesenen durch deutende Betrachtung den Tonfall abzulauschen und den Blick des Sprechers zu erahnen.

Das Blitzen seiner Augen ist niemals jenes Zuzwinkern, mit dem sonst etwa ein Redner andeuten will, er mache da nebenher einen Scherz. Was aus Witz und Kühnheit stammt, erscheint bei ihm nie zugesetzt, aufgesetzt oder angehängt, ist vom Wort selber nicht zu trennen, gehört zur Gestalt des Wortes.

Nun ist ja allgemein bekannt, daß die Rede Jesu von eigentümlicher Kühnheit, Bildhaftigkeit und würziger Frische ist. Man muß sich aber darüber wundern, daß die Äußerungen seines Witzes, sein Scherz, sein Spott, seine Ironie, von den Auslegern oft überhört, oft auch geflissentlich übergangen werden. Manche nehmen wohl davon das, was unüberhörbar ist, zur Kenntnis, halten sich aber bei der Auslegung der Worte lediglich an die Aussage selber, in der stolzen Meinung, auf diese Weise sich ausschließlich mit dem Wesentlichen zu beschäftigen. Wer aber die Züge des Witzes als nebensächlich und deshalb störend beiseite läßt, der wird das eine oder andere Wort recht schief auslegen, er wird, weil eben der Witz einem tiefen Wesensbezirk entspringt, an sehr Wesentlichem vorbeideuten. Wer ferner glaubt, er dürfe ein Wort Jesu nicht anders als in der Stimmung der Andacht aufnehmen, der wird einen darin enthaltenen Scherz als etwas die Andacht Störendes möglichst nicht an sich heranlassen. Jesus indessen verlangt von den Menschen, zu denen er redet, nicht andächtige Stimmung. «Wer Ohren hat, der höre!» sagt er, und der Scherz des kleinen Anrufs weist gerade weg von der Andacht, weg auch von der Feierlichkeit. Jesus will seine Zuhörer nicht erbauen, er will sie überzeugen. Sie sollen sich nicht einer frommen Stimmung hingeben und dann nach Hause gehen und finden, es sei schön und erhebend gewesen. Sie sollen sein Wort beherzigen und danach leben.

Die Verfasser der ersten drei Evangelien haben eine ausgesprochene Freude an kühnen und witzigen Worten Jesu. Wer aber ein Wort gerade um seiner Kühnheit willen überliefert, wird es im genauen Wortlaut wiedergeben. Scherzhaftes, Spöttisches, Ironisches ist auf genaue und unverfälschte Wiedergabe angewiesen. So kommt es, daß Witz geradezu einen Wortlaut vor Veränderungen schützt, haltbar macht. Die Evangelisten haben in ihre Darstellungen zwar verschiedenartige über Jesus überlieferte Dinge aufgenommen, darunter Wundertaten und Legenden, und man weiß, daß sich nicht alles genau so abgespielt hat, wie wir es lesen. Und einiges ist ihm in den Mund gelegt worden, was er nicht gesprochen haben kann. Gewiß aber ist dies: Stellen wir in einem Wort seine Art des Witzes und der Kühnheit fest, so dürfen wir dieses Wort als wirklich so von ihm gesprochen annehmen. Es trägt sein Echtheitszeichen.

Wir wollen dem erstaunlichen und großen Mann aus Nazaret möglichst unbefangen gegenübertreten. Wie er keine Andacht verlangt, so wünscht er auch nicht, daß wir ihn von einem Hauch der Verklärung umgeben sehen. Er wünscht von den Menschen, daß sie sich seinem Wort öffnen. Geöffnet und frei sollen sie es hören – sofern sie Ohren haben.

Ein Balken im Auge, ein verschlucktes Kamel

Manches Wort Jesu ist uns so geläufig, daß es die Überraschung der Neuheit für uns längst eingebüßt hat. Lassen wir uns trotzdem wieder überraschen!

GROTESKE BILDER

Ein solches Wort ist zum Beispiel das vom Balken im Auge (Mt 7,3):

Was siehst du den Splitter im Auge deines Bruders,
aber den Balken in deinem Auge bemerkst du nicht?

Als wir das zum erstenmal hörten, müssen wir gestaunt haben. Ein Balken im Auge! Und dann, im zweiten Anlauf, als wir die Beziehungen dieses Wortes hergestellt hatten, vielleicht mit fremder Hilfe, muß sich unser Staunen noch vergrößert haben. Denn wir fanden die Absonderlichkeit des Bildes bestätigt und sahen, daß wir uns doch nicht verhört hatten. Hinzu aber kam Belustigung und zugleich Bewunderung über die Kühnheit dieses Gleichnisbildes. Auch heute, nachdem wir dieses Wort so viele Male wiedergehört haben, empfinden wir wohl noch jedesmal einen Rest von jenem ersten belustigten Staunen.

Das Wort ist in der Bergpredigt überliefert. Es spricht von dem recht verbreiteten Hang, kleine Fehler an den Mitmenschen zu entdecken und mit Genuß zu rügen, die eigenen aber, sogar größeren, zu übersehen. Den Unterschied zwischen den beiden Fehlern, dem kleinen des andern und dem großen eigenen, übersteigert Jesus im Bild bis zum Äußersten. Wem von uns wäre ein solches die letzte Grenze überschreitendes Bild eingefallen? Wir hätten wohl von einem kleinen Splitter geredet und von einem großen – von einem doppelt, gar zehnfach so großen, aber doch noch immer von einem Splitter; und wir wären artig im Rahmen des Bildes geblieben. Ihm genügt anstelle des großen Splitters nicht einmal ein Holzscheit, das doch, in einem Auge steckend, schon reichlich unmöglich wäre. Nein, sein Wort stößt zum Alleräußersten vor, zum allergrößten Holzstück überhaupt, dem Balken.

Gehört aber nicht gerade Vorstellbarkeit zum Wesen eines Gleichnisbildes? Werden wir nicht durch ein Gleichniswort eingeladen, das dargebotene Bild innerlich anzuschauen, damit wir aus dieser Vorstellung heraus auch den Gedanken deutlicher sehen und begreifen! Wer aber vom Balken im Auge hört und sich den im Auge steckenden Balken körperhaft vorzustellen sucht, dem wird, da es auch mit aller Anstrengung nicht gelingen will, nichts anderes übrigbleiben, als kopfschüttelnd oder lachend die vergebliche Mühe aufzugeben.

Nun hätte es keines Gleichnisbildes bedurft, um den einfachen Gedanken mitzuteilen; er ist ja ohne weiteres verständlich. Warum trotzdem ein Bild, und warum dieses unvorstellbare Bild? Deshalb, weil die gerügte Menschenschwäche – Hellsichtigkeit für fremde kleine Fehler, aber Blindheit für die eigenen großen – nicht bloß tadelnswert, sondern auch lächerlich ist. Sie ist so unvorstellbar lächerlich wie dieses Gleichnisbild.

Ist das Bild nun aber tatsächlich so unvorstellbar? Gewiß, versuchten wir, mit dem Bleistift den Balken im Auge zu zeichnen, so brächten wir es nicht zustande, selbst wenn wir die kühnsten Zeichner wären. Wir müßten unsere ganze Verwegenheit aufbieten, um das Bild – schließlich abzuschwächen; den dicken und langen Balken müßten wir gewaltig verkleinern, das arme kleine Auge dagegen gewaltig vergrößern. Trotzdem dürfen wir das Bild nicht völlig unvorstellbar nennen. Denn so riesig weit es über das Mögliche, über alle Anschauung hinausgeht, so ist es doch in Worten erfaßbar. Die Sprache hat die bemerkenswerte Fähigkeit, vom Absurdesten zu reden, wobei das Absurdeste doch noch gedanklich vorstellbar bleibt. Was sich das Auge nicht sichtbar vorstellen kann, genießt in der Sprache gedankliche Vorstellbarkeit. Bei solcher Gelegenheit triumphiert die Sprache über die Begrenztheit des Wirklichen, Erfaßbaren, indem sie zeigt, daß sie Unwirklichem, Unfaßbarem Gestalt zu geben vermag.

Ein anderes, weniger bekanntes Bild von derselben Art ist das vom Aussieben der Mücke und dem Verschlucken des Kamels. In einer Rede gegen Pharisäer und Schriftgelehrte wettert der Mann aus Nazaret (Mt 23,23–24):
Weh euch, ihr Schriftgelehrten und Pharisäer, ihr Heuchler! Ihr gebt den Zehnten von Minze, Dill und Kümmel und laßt das Wichtigste im Gesetz außer acht: Gerechtigkeit, Barmherzigkeit und Treue. Man muß das eine tun und das andere nicht lassen. Blinde Führer seid ihr: Ihr siebt die Mücke heraus und verschluckt das Kamel.
Also: Was fischt ihr peinlich und reinlich eine Mücke aus dem Trunk, kümmert euch jedoch ein anderes Mal nicht um das Kamel, das in eurer Tasse zappelt? Ohne es zu beachten, verschluckt ihr es! Dieses Bild ist sogar noch um ein Stück unmöglicher als jenes vom Balken im Auge. Während dort der Balken, der riesige Fremdkörper, immerhin die Freiheit genießt, zu einem großen Teil in den leeren Raum hinauszuragen, so wird hier das Kamel in seiner ganzen Größe durch die Enge der Halsröhre befördert – nicht einmal hinuntergewürgt, sondern leichthin hinuntergespült.
Jesus fährt hier äußerst heftig gegen die Schriftgelehrten und Pharisäer los, ruft wehe über sie, nennt sie Heuchler. – Hier ist ein kleiner Exkurs am Platz. Man weiß, daß die Pharisäer und die andern Schrift-

gelehrten sehr rechtschaffene Männer waren, erfüllt von heiligem Eifer, die Menschen zu gottgefälligem Leben anzuhalten. Daher ist heute beispielsweise die Meinung verbreitet, es sei ausgeschlossen, daß Jesus gegen diese verdienstvollen Männer so harte Worte gebraucht habe. Vielmehr hätten die Evangelisten ihm die feindliche Haltung gegen die Pharisäer angedichtet. Demgegenüber beobachten wir, daß beinahe alle Stellen, wo er gegen die Pharisäer wettert und spottet, das untrügliche Echtheitszeichen seines Witzes tragen. Was sollen wir nun von solchen Worten halten, die anscheinend der Gesinnung jener Männer nicht gerecht werden? Die Pharisäer und Jesus wollen, beide, die Menschen zu dem Leben führen, das Gott verlangt. Aber ihrer beider Vorstellungen von Gott und dem, was er von uns will, sind völlig verschieden. Da sowohl die Pharisäer wie auch Jesus davon überzeugt sind, daß sie in göttlichem Auftrag wirken, so müssen sie notwendigerweise einander nicht bloß als Widersacher, sondern sogar als Frevler gegen den Willen Gottes ansehen.
Die Pharisäer sehen ihre Hauptaufgabe darin, peinliche Hüter der vielen bis ins tägliche Leben reichenden Vorschriften zu sein, die sie und ihre Vorfahren zur Verehrung Gottes aufgestellt haben. Jesus hält ganz anderes für weit wichtiger. – Was wirft er ihnen in unserer Stelle vor? Er erwähnt den Zehnten, eine bei den Juden von alters her bestehende und als Ehrensache geleistete Abgabe an das Heiligtum und des-

sen Priesterschaft; dieser Zehnte beschränkte sich ursprünglich auf Getreide, Wein und Öl, wurde später ausgedehnt auf Erträgnisse unbedeutender Art wie Minze, Dill und Kümmel. – Hier, in kleiner und unwichtiger Sache, sagt Jesus zu den Pharisäern, da seid ihr vorbildlich und gewissenhaft, wie einer, der eine Mücke aus dem Trunk fischt. Gewiß, das soll man tun, das andere aber nicht lassen. Was aber ist das andere, das Wesentliche, das, worauf es ankommt? Er nennt es: Gerechtigkeit, Barmherzigkeit, Treue – Nächstenliebe also. Diese Dinge laßt ihr außer acht, da verschluckt ihr unversehens ein Kamel!

DAS ALLERÄUSSERSTE

Übrigens wird – kaum glaublich – auch dieses kühne Bild seinerseits noch übertroffen, und zwar wiederum an Absurdität des Größenunterschieds, durch jenes von dem Kamel und dem Nadelöhr: Da soll gar das größte Haustier durch einen Weg, der ja viel enger als die Halsröhre ist, hindurchgehen, durch den allerengsten aller Wege schlechthin, durch ein Nadelöhr! (Darüber im folgenden Kapitel.)
Nun könnte ich den Leser zur Teilnahme an einem Gesellschaftsspiel einladen – wenn es nicht ein reichlich mühsames Spiel wäre. Die Teilnehmer hätten nämlich die Aufgabe, außerhalb der Worte Jesu nach derartigen Gleichnisbildern zu suchen, in denen zwei

äußerste und alle Wirklichkeit und Möglichkeit übersteigende Gegensätzlichkeiten einander gegenübergestellt sind. Es wird einiges Kopfzerbrechen kosten, in den Worten von Menschen der Gegenwart und der Vergangenheit oder in Redensarten ein paar brauchbare Beispiele aufzutreiben. Ich gestehe, daß mir auf Anhieb nicht viel Vergleichbares einfällt. Da ist etwa die Redensart: «Aus einer Mücke einen Elefanten machen» oder ein Wort des Horaz: «Es kreißt der Berg (er hat Geburtswehen), und heraus springt ein armseliges Mäuschen». Doch reichen diese Beispiele an Kühnheit bei weitem nicht an die drei genannten des Mannes aus Nazaret heran. Die Vergrößerung der Mücke und ihre gleichzeitige Verwandlung in einen Elefanten ist trotz aller Unmöglichkeit vorstellbar und in einer Folge von Zeichnungen darzustellen. Und noch geringer ist die Schwierigkeit, das Erdbebengrollen des Berges als Geburtswehen zu hören und ein ängstliches Mäuschen aus einem Loch springen zu sehen. – Sollten dem Leser mehr Beispiele eingefallen sein als mir, so werden diese vermutlich ebenfalls harmloser als die genannten drei des Meisters sein. Beispiele der harmlosen und vorstellbaren Art indessen finden wir bei ihm mühelos; so etwa (Lk 19,40): «Steine werden schreien» (das denkbar Stummste wird nicht bloß reden, sondern brüllen); oder durchaus innerhalb des Möglichen (Mt 7,6): «Werft eure Perlen nicht den Schweinen vor» (Kostbares in stinkenden Kot).

Die Ausbeute einer solchen Suche könnte deutlich machen, daß der Witz Jesu in der Hervorbringung derartiger Vergleichsbilder nicht bloß außerordentlich fruchtbar, sondern sogar – was zumal die ganz grotesken Bilder betrifft – nahezu einmalig und schwer nachahmlich sein dürfte.

GEGEN DOPPELTE HEUCHELEI

Doch zurück zum Vergleichsbild vom Balken im Auge. Was wir bisher darüber gesagt haben, betraf zur Hauptsache die Absonderlichkeit des *Bildes.* Wenden wir uns nun den Sonderbarkeiten des *Vergleichs* (und dessen Fortführung) zu. Wir werden uns wiederum reichlich zu wundern haben.
Dem Vergleich liegt zunächst die Feststellung zugrunde, daß das Auge einen in ihm steckenden Fremdkörper selber nicht sehen kann, obgleich (und weil) dieser ihm extrem nahe ist. Solcher Mangel, eine natürliche Erscheinung, stört uns an sich noch nicht; aber immerhin, der Fremdkörper, ob wir ihn sehen oder nicht, tut weh. Beides, der Fremdkörper im Auge wie auch der Fehler im Charakter und Verhalten des Menschen, ist unerwünscht, doch kann jemand wegen eines Fremdkörpers nicht getadelt werden, wohl aber wegen eines Charakterfehlers. Hinkt also der Vergleich? Der Vergleich ist – vorläufig noch – ganz in Ordnung. Es wird da zwar ein Tatbestand,

bei dem man Gut und Böse unterscheidet, ein moralischer also, verglichen mit etwas, das keine Wertung zuläßt – doch ist dies durchaus angängig: Ein Gleichnisbild und der veranschaulichte Gedanke liegen ja auf verschiedenen Ebenen. (So sagen wir etwa von einem Menschen, er ändere dauernd die Richtung seiner Ansichten wie eine Windfahne – wobei die Windfahne keinen Tadel verdient, wohl aber der wetterwendische Mensch.)

Jesus gibt unserem Vergleichsbild eine Fortsetzung, in der die Rede zwar noch immer in den Worten und Vorstellungen des Bildes, aber nun in moralisch wertendem Sinn weitergeht. Hier gerät nun aber der Vergleich arg ins Hinken. Diese Weiterführung lautet (Mt 7,4–5):

... den Balken in deinem Auge bemerkst du nicht? Wie kannst du zu deinem Bruder sagen: Laß mich den Splitter aus deinem Auge herausziehen! – und dabei steckt in deinem Auge ein Balken? Du Heuchler! Zieh zuerst den Balken aus deinem Auge, dann magst du zusehen, daß du den Splitter aus dem Auge deines Bruders herausziehst.

Der Ton ist heftiger geworden, beinahe wütend. «Du Heuchler», sagt er. Wir dürfen annehmen, daß auch diese Stelle, obgleich allgemein gegen den Geist des Richtens zielend, wiederum vor allem auf die Pharisäer gemünzt ist.

Wie ist das mit der Heuchelei? Denn, ist es nicht ein echter Freundesdienst, dem anderen den Splitter aus dem Auge zu ziehen? Wenn zwei einen Unfall erleiden und der eine von ihnen sich zuerst um die Verletzungen des Kameraden kümmert und dann erst um die eigenen, viel schlimmeren – ist das Heuchelei? Man pflegt es einem Vergleich als Unzulänglichkeit anzurechnen, wenn man feststellt, dass er hinkt. Und nun wäre also Jesus ein solcher Fehler unterlaufen? Nun, die Unstimmigkeit in dieser kleinen Gleichnisrede ist beabsichtigt.

Er hätte gewiß die Möglichkeit gehabt, irgendeinen andern Vergleich zu wählen, der nicht ins Hinken geraten wäre – nehmen wir etwa das uns geläufige Bild vom Fegen vor der Tür, womit die Stelle lauten würde: ‹Was siehst du den Staub vor der Tür des Nachbarn, den Haufen Unrat aber vor der eigenen siehst du nicht? Wie kannst du zum Nachbarn sagen: Laß mich vor deiner Tür fegen! – und dabei liegt vor deiner eigenen ein Haufen Unrat? Du Heuchler, kehre zuerst vor der eigenen Tür, und dann magst du dem Nachbarn den Staub vor seiner Tür wischen.› In allen Teilen aufs beste stimmt dieses Bild; wir können darauf stolz sein. Aber wie blaß, wie hausbacken mutet es an! Wie viel kräftiger und stechender ist die Vergleichsrede Jesu, obwohl sie hinkt. Ja gerade in ihrem Hinken zeigt sich ihre Kraft und ihr Stich. Ein mutwilliges Spiel nämlich ergibt sich aus dem Umstand, daß Jesus da gegen zwei Dinge gleichzeitig aufbegehrt: nicht bloß gegen den Richtgeist, sondern zugleich auch gegen die Heuchelei, die den Richtgeist als etwas anderes ausgibt, als was er ist. Wie verhält es sich damit?

Ein Fehler in meiner Gesinnung oder in meinem Handeln, wie auch Unrat vor meiner Tür, ist etwas, dessen ich mich allenfalls schämen muß. Eines Splitters im Auge brauche ich mich nicht zu schämen; denn nun bin ich kein schlechter oder unordentlicher Mensch, sondern ein Patient. Der Tadler, der mich auf den Unrat vor meiner Tür aufmerksam macht oder mir mein unrechtes Tun aufzeigt, handelt als Aufseher. Wer hingegen in mein Auge hineinschaut, um darin die Ursache meiner Schmerzen zu suchen, handelt als Arzt. Und eben als Arzt gebärdet sich ein pharisäischer Tadler, der vorgibt, durch sein Überwachen der vielen Vorschriften die Menschen gottgefälliger zu machen, Übelstände zu heilen. So sind es denn just Worte eines Arztes, die Jesus hier dem Tadler in den Mund legt: «Laß sehen, ich will dir den Splitter herausziehen!» Aber der dies spricht, tut bloß so, als entspringe sein Tadeln dem Helferwillen, in Wirklichkeit entspringt es dem Richtgeist und der Überheblichkeit. Er ist ein Heuchler.

Und es sind gleich zwei Heucheleien, die diesem Heuchler vorgeworfen werden. Die eine, die im Gleichnisbild selber dargestellt ist: Du zeigst Fehler auf und gibst vor, selber keine zu haben, und hast doch selber viel größere, einen Balken im Auge. Die andere: Du richtest und verurteilst mit Genuß, aber du gibst vor zu helfen und zu heilen. – Wären wir dabeigewesen, als Jesus dies sprach, so hätten wir einen Wechsel im Tonfall bemerkt: Jene erste Heuchelei (die des Tadlers, der eigene Fehlerlosigkeit vorgibt) hatte wohl den scharfen Ton der Entrüstung. Die zweite dagegen erforderte einen Tonfall, der gleichzeitig zwei Dinge hörbar zu machen hatte, nämlich die vorgegebene und die wirkliche Gesinnung des Heuchlers. So wird er denn die Worte «Laß mich den Splitter aus deinem Auge herausziehen» im übertrieben liebevoll-besorgten Ton des falschen Arztes und zugleich mit dem boshaft-überheblichen Unterton des Pharisäers gesprochen haben. In diesem Spiel spielt er zwei Rollen – aber nicht nebeneinander, sondern ineinander. Er stellt einen dar, der einen andern darstellt. Er spielt den pharisäischen Tadler, der den Arzt spielt. Danach bricht das Spiel unvermittelt ab. Er ist wieder er selber, und mit seiner eigenen Stimme fährt er scharf auf den Gegner los, als stünde dieser vor ihm: «Du Heuchler...»

Die widersprüchliche Kühnheit des Bildes führt zu einer weiteren Besonderheit. Der darzustellende Gedanke lautete in seinem Ursprung zunächst so – wir zeigen ihn an unserem so schön stimmenden Bild vom Dreck vor der Tür –: Fege zuerst vor deiner eigenen Tür, und dann magst du vor einer andern fegen; vorher bist du dazu nicht berechtigt. – Das andersgeartete Bild vom Splitter im Auge gibt dem Gedanken eine veränderte Richtung. Berechtigt zu helfen ist freilich auch ein Arzt, der an derselben Krankheit sogar noch mehr leidet als der Patient; Berechtigt, seinen Bruder vom Splitter zu befreien, wäre auch einer, in dessen Auge ein Balken steckt. Berechtigt dazu ist er zwar, aber nicht imstande. Du kannst ja gar nicht den Splitter aus dem Auge des Bruders ziehen, solange du selber einen Balken im eigenen hast. Zu dem ursprünglichen Gedanken: Wer selber nicht frei von Sünden und Fehlern ist, ist nicht *berechtigt*..., tritt jetzt der veränderte: ... der ist nicht *imstande,* die des andern aufzuzeigen. Befreie zuerst dein Auge, und – «dann magst du sehen, daß du den Splitter aus dem Auge deines Bruders ziehst». In der Tat, der überlieferte Ausdruck enthält beide Bedeutungen: «dann magst du zusehen (versuchen)», aber auch: «dann kannst du klar sehen». Und dieser zweiten Bedeutung folgend wird auch bisweilen übersetzt: dann erst wirst du klar sehen, um den Splitter aus dem Auge des Bruders ziehen zu können. Dies heißt: Darauf kommt es an, daß deine Sicht unbehindert ist. Behindert aber ist sie, wenn du gegen das Gebot der Nächstenliebe verstoßen hast. Ohne Liebe ist deine Sicht so gestört, als hättest du einen Balken im Auge...

Ist denn anzunehmen, daß der damalige Zuhörer die in den wenigen Worten enthaltenen Kühnheiten verschiedenster Art sogleich gehört und verstanden hat? Gewiß. Wenn er dem Erzähler ins Gesicht schaute und auf den Tonfall seiner Stimme achtete – und dies tat er –, so erfaßte er diese Feinheiten in unmittelbarer Weise; und er staunte darüber nicht weniger als wir. *Unser* Staunen freilich mag von etwas anderer Beschaffenheit sein, weil es auf weitläufigerem Weg zustande gekommen ist. Indessen sind wir in der Lage, die kleine beißende Gleichnisrede so von neuem zu überlesen, daß sie auch für uns wieder etwas von der Unmittelbarkeit der kühnen und blitzenden Wirkungen zurückgewinnt. Was uns hierbei im besonderen bezaubert, meine ich, ist die Einsicht, daß in diesen Worten Witz und Kraft nicht voneinander zu unterscheiden und zu trennen sind.

Durch ein Nadelöhr

Eher sei das Unmögliche möglich: eher gehe ein Kamel durch ein Nadelöhr, als daß ein Reicher in das Reich Gottes komme. Die Jünger entsetzten sich, heißt es, als sie dies hörten. Auch der Nachwelt war das Wort höchst unbehaglich, besonders den Reichen, aber auch denen, die von Reichtum träumen. Die meisten fürchten zwar für ihre Person einen solchen Unsegen des Reichtums nicht, weil sie ja an das Kommen des Reichs Gottes nicht glauben. Aber sie fühlen sich durch dieses Wort wenigstens angegriffen und beleidigt; denn es scheint zugleich zu sagen, daß kein Reicher ein guter Mensch sein könne.

UNTAUGLICHE ABSCHWÄCHUNGSVERSUCHE

Ein so schroffes, ja, wie es den Anschein macht, ungerechtes Wort ist dies, daß viele wünschten und vermuteten, Jesus habe nicht das gemeint, was wir da lesen. Nicht bloß der harte Sinn, sondern auch das Gleichnisbild selber kam ihnen unglaubhaft und un-

sinnig vor. Ein Kamel durch ein Nadelöhr – welch unmögliche Vorstellung!
Zwei Umdeutungen wurden versucht, um das Wort zu mildern. Die eine, die wenigstens das Bild zum Stimmen bringen möchte, benutzt einen Zufall der Überlieferung, der darin besteht, daß zwar in vielen Handschriften «kamelos» (Kamel) bezeugt ist, in ganz wenigen dagegen «kamilos» (letzteres wohl der Fehler eines Abschreibers, denn beides klang genau gleich, da man in jener späteren Zeit langes e wie i sprach). Jemand kam nun auf die Idee, just dieses «kamilos« zu einem eigenständigen Wort zu erklären und ihm die Bedeutung «Schiffstau» zu geben, dagegen das gut bezeugte «kamelos/Kamel» zu verwerfen. Ein Tau, sozusagen der dickste Faden, entspräche zwar aufs schönste dem Gleichnisbild: Eher geht ein Tau durch ein Nadelöhr. Trotzdem bin ich nicht der Meinung, daß man auf diese Weise dem Meister am Zeug flicken darf. Es geht nicht an, in einer abweichenden Schreibweise kurzerhand ein ganz neues Wort samt gewünschter Bedeutung zu postulieren, lediglich zum Zweck, die Kühnheit eines Vergleichs zu entschärfen. Die hochgespielte angebliche Vokabel «kamilos/Tau» hat übrigens nicht Fuß gefaßt und blieb der griechischen Sprache unbekannt.
Die andere Umdeutung wollte gleich beides mildern, nicht bloß das tollkühne Bild, sondern auch dessen harte Aussage. Man ersann die für beides vorteilhafte Vermutung, es müsse in einer Stadt, am liebsten in Je-

rusalem, ein kleines Tor gegeben haben, wegen seiner Enge «das Nadelöhr» genannt, durch das ein Kamel nur mit großer Mühe habe hindurchgezwängt werden können, und eben von diesem «Nadelöhr» rede Jesus. Tatsächlich, damit bliebe das Bild in seinem Rahmen, vor allem verlöre es seine Schroffheit, und man könnte dazu nicken – zumal da man nicht recht weiß, wo jenes kleine Mauertor zu finden ist, so daß man es sich in beliebiger Enge oder Weite vorstellen könnte. Allein diejenigen, die damals das Wort hörten, die Jünger, nickten nicht dazu, sondern «entsetzten sich in hohem Maß». Über das Bild von einem Kamel und einem Mauertor hätten sie sich nicht aufgeregt; sie entsetzten sich, weil er von einem Nadelöhr sprach. Sie lehnten sich auf gegen den unerhört schroffen Sinn des Bildes.

Wie ist Jesus auf dieses so abwegige Bild verfallen? Dadurch, daß er auch hier, wie etwa beim Bild vom Balken im Auge, das Alleräußerste suchte und das Absurde fand. Oft hatte er den Gedanken geäußert, daß der Weg ins Himmelreich eng sei. Als er nun ausdrücken will, daß er für einen Reichen ganz besonders eng sei, drängt sich ihm als Gleichnisbild die dortzulande häufige lärmvolle Szene auf, wo ein schwerbepacktes Kamel in einem engen Gäßchen steckenbleibt. Es entspricht ganz seiner Art, nun, da ihm in dem Vergleichsbild schon das größte dort bekannte Tier gegeben ist, auch beim andern Teil des Bildes zum Äußersten zu gehen und das Gäßchen zu verengen bis zum allerengsten und allerwinzigsten Weg schlechthin, durch den je etwas hindurchgestoßen werden muß – zum Nadelöhr. Also: das größte Tier durch den allerkleinsten Durchpaß.

EINE TIEFE ENTTÄUSCHUNG

Aber nun hat durch das tollkühne Bild der Gedanke eine äußerste Verhärtung und Unbeugsamkeit erhalten. Wir müssen die ganze Szene lesen. Es handelt sich um einen der schwersten Augenblicke und um eine der schmerzlichsten Enttäuschungen im Leben Jesu.

Ein reicher junger Mann kommt zu ihm und fragt ihn, was er tun müsse, um das «ewige Leben» zu gewinnen. Er solle die bestehenden Gebote halten, antwortet Jesus und zählt einige der bekanntesten mosaischen Gebote auf. Darauf sagte der junge Mann (Mk 10,20–27):

Meister, alle diese Gebote habe ich von Jugend an befolgt. Da blickte ihn Jesus an, gewann ihn lieb und sprach zu ihm: Eines fehlt dir noch. Geh, verkaufe alles, was du hast, und gib es den Armen, und du wirst einen Schatz im Himmel haben; und komm, folge mir nach! Er aber wurde traurig, als er das hörte, und ging betrübt weg; denn er hatte viele Güter. Und Jesus blickte umher und sprach zu seinen Jüngern: Wie schwer ist es für Begüterte, in das

Reich Gottes zu kommen! Die Jünger aber erstaunten über seine Worte. Da begann Jesus wiederum und sprach zu ihnen: Kinder, wie schwer ist es, in das Reich Gottes zu kommen! Eher geht ein Kamel durch ein Nadelöhr, als daß ein Reicher in das Reich Gottes kommt. Sie aber entsetzten sich in hohem Maß und sagten zueinander: Wer kann dann gerettet werden? Jesus blickte sie an und sprach: Bei den Menschen ist es unmöglich, aber nicht bei Gott; denn bei Gott sind alle Dinge möglich.

Ein Gespräch mit mannigfaltigen Gemütsstimmungen, Spannungen, Nachdenklichkeiten. Nirgends in den Evangelien finden sich in so wenigen Zeilen so viele Bemerkungen über Blick, Miene, Regungen der Beteiligten. Dreimal wird der nachdenkliche Blick des Meisters erwähnt: «Da blickte ihn Jesus an, gewann ihn lieb.» Später: «Jesus blickte umher.» Dann: «Jesus blickte sie an.» Vom jungen Mann heißt es: «Er aber wurde traurig... ging betrübt weg.» Beteiligt sind auch die zuhörenden Jünger: «Die Jünger aber erstaunten über seine Worte.» Und dann, nach dem Wort vom Nadelöhr: «Sie entsetzten sich in hohem Maß.» Man denkt an Regieanweisungen, wie sie in einem Drehbuch kaum häufiger sind.

Als der junge Mann sagt, er habe die Gebote gehalten seit seiner Jugend, sieht ihn der Meister lange an. Diesem Menschen glaubt er. Er gefällt ihm, er gewinnt ihn lieb, heißt es. Diesen möchte er als Jünger haben. Aber die Berufung sogleich und kurzerhand auszusprechen, davon hält ihn eine ungewohnte

Schwierigkeit zurück. Was hätte mit dem großen Besitz des jungen Mannes zu geschehen?
Um eben dies kreisen auch die Gedanken der Jünger, die gespannt auf das Wort des Meisters warten. Sie haben gemerkt, daß er ihn als Jünger haben möchte. Der reiche junge Mann müßte wohl einen Verwalter über seine Güter setzen, um sich danach mit leeren Händen – etwas anderes ist nicht denkbar – ihnen anzuschließen. Aber würde sein zurückgelassener Reichtum nicht doch, selbst aus der Ferne, irgendwie wirksam sein? Könnte man ihn nicht eines schönen Tages nutzbringend einsetzen für Großveranstaltungen mit Massenspeisungen, wie man solches schon im Kleinen versucht hat? Könnte man so das Kommen des Gottesreichs nicht beschleunigen?... Der junge Mann gefällt auch ihnen.
Endlich spricht der Meister. Seine Antwort reißt sie unsanft aus den Träumen. Zwar, wie gehofft, fordert er ihn auf, ihm als Jünger zu folgen; aber er verlangt von ihm zuvor die vollständige und unwiderrufliche Beseitigung seines Reichtums. Der Besitz soll endgültig weg sein, verschenkt; auch im Hintergrund soll er nicht lauern. Die Jünger, als sie diese Antwort hören, sind enttäuscht. Sie erstaunten über das, was der Meister dem jungen Mann zumutet.
Freilich, was er ihm da antwortet, klingt, trotz der darin enthaltenen Schroffheit, dem Wortlaut nach aufgeräumt, ja beinahe scherzend. Er ist ja gewohnt, jeweils die Aufforderung, ihm als Jünger nachzufol-

gen, mit fröhlicher Aufmunterung auszusprechen. («Werdet Menschenfischer!» – so rief er seinerzeit die beiden Fischer, die Brüder Johannes und Andreas, von ihren Netzen weg.) Und dieses Mal, zu dem jungen Mann sagt er: «Eines fehlt dir noch. Geh, verkaufe alles, was du hast, verschenke es!» Der junge Mann besitzt vieles: Reichtum, aber auch Rechtschaffenheit, Liebenswürdigkeit. «Eines fehlt dir noch», sagt der Meister, und er meint: Du bist noch nicht mein Jünger. Allein, er redet, dem Wortlaut nach, zunächst anders, überraschend, paradox: Eines fehlt dir – verschenke alles! Also, eines besitzt du nicht: Besitzlosigkeit; einer Sache bedarfst du, du bedarfst der Bedürftigkeit; dir mangelt Mangel. Was dir fehlt, verschaff es dir, indem du alles verschenkst. Einen weit schöneren Besitz wirst du dafür eintauschen, einen Schatz im Himmel. – Und nun erst, als Anweisung hierzu und zugleich als Antwort auf die Frage «Was soll ich tun?» fordert er ihn auf: «Und komm, folge mir nach!»
Der junge Mann ist höchst erstaunt. Er hat sich beim Meister erkundigen wollen, was für die Erlangung des ewigen Lebens notwendig sei. Und nun erhält er einen Ratschlag, der von ihm eine derartige Veränderung verlangt. Zu vielem wäre er bereit gewesen, zum Wegwerfen seines Besitzes aber kann er nicht bereit sein. Wahrscheinlich fühlt er auch die Verpflichtung, den Besitz, den er wohl von seinen Vorfahren übernommen hat, dereinst weiterzugeben. «Er

wurde traurig und ging betrübt weg» – und der Evangelist fügt bei: «denn er hatte viele Güter.»

ÜBERHITZTE BITTERKEIT

Über Jesus kommt Traurigkeit, Bitterkeit. Was er gerade erlebt hat, könnte dazu angetan sein, in ihm Zweifel zu wecken. Wäre dieser gute Mensch nicht so reich, so wäre er wohl jetzt sein Jünger. Aber nicht nur dies, daß er auf ihn verzichten muß, erfüllt ihn mit Beklemmung. Welcher seiner Jünger, wäre er seinerzeit vor derselben Wahl gestanden wie jetzt dieser junge Mann, hätte sich von solchem Besitz loszusagen vermocht? Welcher wäre imstande gewesen, sein Jünger zu werden? Er blickt unter den Jüngern umher, von einem zum andern.

Die enttäuschten Jünger erwarten von ihm wenigstens ein befreiendes Wort. «Kinder», sagt er schließlich; es ist die Anrede der Traulichkeit. «Kinder, wie schwer ist es, in das Reich Gottes zu kommen!» Noch sagt er nicht, für einen *Reichen* sei es schwer, sondern es sei *überhaupt* schwer, wie er es schon oft gesagt hat. Aber diese Erkenntnis, die bisher nur hieß, Gott verlange viel von den Menschen, läßt in ihm jetzt wohl schwerste Gedanken aufsteigen. Wenn der Reichtum diesen guten Menschen gezwungen hat, ihm den Rücken zu kehren – welcher andere Reiche könnte solchem Zwang widerstehen? Jetzt hat es sich

gezeigt, wie eng der Weg zum Reich Gottes ist, für einen Reichen sogar – und nun findet seine Bitterkeit das groteske Vergleichsbild – so eng, wie der allerengste Weg für das größte Tier. Ja, nicht genug damit: «*Eher* geht ein Kamel durch ein Nadelöhr!»
Die andern beiden bis zum Alleräußersten gehenden grotesken Bilder, das vom Balken im Auge und das vom Kamel-Verschlucken, sprach er in ärgerlicher Ereiferung, im Zorn sogar, also ebenfalls nicht in heiterer Stimmung. Ärger und Zorn ertragen gar wohl den Übermut und das Übermaß eines widersinnig-kühnen Bildes. Denn was an dem maßlosen Bild übermütig ist und zum Lachen reizt, wird in ärgerlicher und zorniger Rede zu Spott und Hohn, verleiht der Empörung Kraft, verschafft ihr Luft. Das jetzige Bild dagegen, das vom Kamel und dem Nadelöhr, noch grotesker und wilder als die andern beiden, spricht er in der Stimmung der Bitterkeit, und diese erträgt den Übermut schlecht. Denn dieser erhält in der Bitterkeit etwas Verkrampftes, Selbstquälerisches; einem solchermaßen verbissenen Übermut gefällt es, das Bittere noch bitterer zu machen.
Von einem Gleichnisbild erwartet man, daß es einen Gedanken beleuchtet. Dieses Bild aber tut etwas anderes. Es beleuchtet den Gedanken nicht, es überhitzt ihn. Es führt die böse Erkenntnis des Augenblicks zu verzweifelter Endgültigkeit, ja, so will es scheinen, zur Auswegslosigkeit. Es ist wahrscheinlich, daß Jesus, sobald er dieses äußerste Bild ausgesprochen hatte,

selber darüber erschrak – nicht wegen der in der Übertreibung ausgedrückten Hoffnungslosigkeit (denn Hoffnungslosigkeit, die auf einer Übertreibung beruht, kann ja so hoffnungslos nicht sein), sondern, weit schlimmer: darüber, daß ihm in diesem Augenblick die Übertreibung doch keine Übertreibung, sondern tatsächliche Wirklichkeit zu sein schien. Denn wie gesagt: Wenn dieser liebenswerte Mensch seinen Reichtum dem Reich Gottes vorzieht, so wird kein anderer Reicher imstande sein, den engen Weg des Heils zu gehen.

Soeben noch saßen die Jünger da, schweigend, enttäuscht über jene Forderung, durch die der Meister den jungen Mann vertrieben hat. Jetzt aber, wie sie den bitteren und grausamen Satz hören, den er dem Erlebnis nachschickt: eher gehe ein Kamel durch ein Nadelöhr als ein Reicher ins Reich Gottes – jetzt «entsetzten sie sich in hohem Maß». Sie begehren auf. Aber sie richten ihre empörten Worte nicht an den Meister, sondern «sie sagten zueinander», so heißt es. Sie wenden sich von ihm weg, als sei er, da er so Ungerechtes spricht, nicht bei Vernunft. Aber was sie zueinander sagen, sagen sie laut genug, mag er es hören. Von dem, was sie da durcheinanderreden, ist ein Satz überliefert: «Wer kann dann gerettet werden?» – was nichts anderes heißt als: dann kann überhaupt keiner das Reich Gottes erlangen. Denn es müßte einer nur zu Reichtum kommen, und schon wäre er verloren – und wie viele träumen von Reichtum!

Man darf wohl geradeheraus sagen, dieses Mal habe der eigene Witz dem Meister einen bösen Streich gespielt. Denn das tollkühne Bild, das sich ihm bei dieser bitteren Erfahrung aufdrängte, brachte nicht nur die Jünger, sondern ihn selber in gefährliche Nähe der Verzagtheit, ja das Zweifels. Wie wird er sich und die Jünger aus der Verstrickung lösen? Es heißt im Bericht des Evangelisten: «Er blickte die Jünger an»; kaum wäre dieses Anblicken ausdrücklich erwähnt, wenn die Weile des Sinnens nicht auffallend lange gedauert hätte. Nicht als ob er nach einer Antwort hätte suchen müssen; die Antwort, die er schließlich geben wird, lag geradezu griffbereit. Denn wenn in einem Gespräch, das in irgendeiner Weise um die Pläne Gottes kreist, der Gedanke an ein «Unmöglich» aufkommt, meldet sich unweigerlich im selben Augenblick der Gegengedanke, daß dem Allmächtigen nichts unmöglich sei. Aber ehe er diesen bereitstehenden Gedanken ausspricht, überlegt er gründlich, in welchem Sinn er hier zu gelten hätte. Und erst, als er sich darüber im klaren ist, spricht er ihn aus und sagt: «Bei den Menschen ist es unmöglich, aber nicht bei Gott; denn bei Gott sind alle Dinge möglich.»
Mit Sicherheit läßt sich sagen, was Jesus mit diesem Wort *nicht* will. Er will nicht, daß es ein frommer Trost sei, eine bequeme Redensart, wegen ihrer Unwiderlegbarkeit geeignet, jeden aufkommenden Zweifel auf billige Weise zu verscheuchen. Etwas

weiteres will er nicht, nämlich das, was er stets gelehrt hat, nun in Frage stellen. Seine Lehre, auf diesen Fall angewendet, lautet wohl etwa so: Wollen die Menschen in das Reich Gottes kommen, so müssen *sie* es wagen, auch wenn es noch so schwer ist. Würde Gott sie hinführen, wäre es für sie nicht schwer; es müßte einer bloß auserwählt sein. Der reiche junge Mann hat sich nicht entschließen können, die Bedingungen des Meisters anzunehmen. Angenommen aber, er wäre ganz nahe dabei gewesen, und nur eine kleine Hemmung hätte ihn noch zurückgehalten – auch dann hätte ihm Gott zwar die Entscheidung nicht abgenommen, aber er hätte vielleicht mit einem ganz leichten Stoß nachgeholfen – wag's! –, und der junge Mann hätte den Engpaß überwunden, und wäre der so eng wie ein Nadelöhr für ein Kamel!

Wer von euch?

Die kühnen Bilder, von denen wir bisher gesprochen haben, waren gewissermaßen Gleichnisse im Vorbeigehen. Man könnte sie als eine kleinere Abart der Gleichnisse ansehen, die eigentlichen Gleichniserzählungen aber als deren große und ausgewachsene Form.

WITZ IN GLEICHNISSEN

Diese beiden Arten unterscheiden sich jedoch nicht nur in der Kürze und Länge, sondern sehr wesentlich in ihren Wirkungen und Möglichkeiten. Das plötzlich und unvermutet aufleuchtende kurze Gleichnis*bild* kann, wie wir festgestellt haben, eine bis zum Alleräußersten vordringende Übertreibung enthalten. Die Gleichnis*erzählung* hingegen (also das, was man für gewöhnlich unter einem Gleichnis versteht) muß sich innerhalb der Grenzen des in gewohnter Weise Vorstellbaren abspielen. Sie kann sich eine derart überbordende Kühnheit nicht leisten; sie will gerade anhand einer sozusagen alltäglichen Geschichte nahelegen, daß in dem ganz anderen Bereich, auf den sie abzielt, das gleiche in ebenso selbstverständlicher

Weise gilt. Trotzdem kann auch die Gleichniserzählung allerhand an Kühnheit und Witz enthalten – wie und von welcher Art, das soll an ein paar Beispielen gezeigt werden.
Eine Gleichnisgeschichte blitzt nicht aus heiterem Himmel heraus; sie hat die Dauer des Erzählens. Und während dieser Dauer hält sie unsere Gedanken in einer eigentümlichen Bewegung; denn sie verlangt von uns während unseres Zuhörens eine Leistung besonderer Art: Wir sollen den vom Erzähler gemeinten und im Gleichnis dargestellten Gedanken auffinden, erkennen und ihn, soweit möglich, schon während des Ablaufs der Geschichte mithören. Diese Tätigkeit des auf zwei Ebenen Verstehens macht Spaß. Doch ein solches Spiel, bei dem der eine leicht verschlüsselt, was der andere gleichzeitig entschlüsselt, kann nur gelingen, wenn beide so aufeinander abgestimmt sind, daß der eine, der Erzähler, weiß, was er dem andern, dem Zuhörer, zumuten darf.
Es gibt unter den Gleichnissen kühne und weniger kühne, und ein kühnes ist ein gewagtes. Es ist eines, das einen engen Geltungsbereich hat, über den hinaus die Deutung nicht gehen darf. Verläßt nämlich unsere Deutung den Geltungsbereich, so gerät das Gleichnis ins Hinken. Ein Gleichnis, das in unbeschränktem Bereich gilt und daher in jeder Beziehung stimmt, mag man wohl ein treffendes, nicht aber ein kühnes oder gewagtes nennen. Ein Beispiel dafür ist etwa das Gleichnis von den beiden Bauherren, von denen der

eine auf Fels, der andere auf Sand baute – ein keineswegs aufregendes, eines, das unmöglich hinken kann, keiner Deutung bedarf, da es lediglich den bekannten Satz ausmalt, daß eine feste Grundlage notwendig ist. Ein Gleichnis dient der Darstellung eines Gedankens. Doch ist es nicht so, daß der Gedanke erst durch das Gleichnis verständlich wird; er ist in der Regel voraus schon deutlich gegeben. Bei einem kühnen Gleichnis wird man immer wieder vom Gedanken darauf schließen, in welchem Sinn der Vergleich gemeint und zu deuten ist. So besteht ein Wechselspiel: Das Gleichnis beleuchtet den Gedanken; der Gedanke wirft ein Gegenlicht auf das Gleichnis.

BITTE NICHT MISSBRAUCHEN!

An der Folge dreier zusammenhängender Gleichnisse, der wir uns nun zuwenden, läßt sich Aufschlußreiches, aber auch recht Vergnügliches zeigen.
Es gab Pharisäer, die dem Nazarener bei jeder sich bietenden Gelegenheit vorwarfen, er verkehre mit Sündern. Um eine Antwort war er jeweils nicht verlegen. So sagte er das eine Mal, daß nicht die Gesunden des Arztes bedürften, sondern die Kranken, und daß er nicht gekommen sei, die Gerechten zu rufen, sondern die Sünder. Sozusagen mit der Fortführung dieses Gedankens antwortet er ein anderes Mal, und davon sei hier die Rede. Er zeigt, welche Freude im

Himmel herrscht, wenn ein Sünder auf den rechten Weg zurückkehrt. So erzählt er drei Gleichnisse, die alle von Verlorenem handeln und von der unbändigen Freude am Wiederfinden. Es sind die sehr bekannten Gleichnisse vom verlorenen Schaf und der verlorenen Drachme – diese zwei gehören eng zusammen – und das anschließende, breiter erzählte, vom verlorenen Sohn.

Ich erinnere mich, daß wir als Kinder, als der Lehrer mit uns das Gleichnis vom verlaufenen Schäflein behandelte, das taten, was häufig mit den Gleichnissen geschieht: Wir deuteten es nach unserem Belieben und Geschmack. Der Lehrer erklärte uns, der Hirt sei über das vermißte Schaf ärgerlich und traurig gewesen; dann aber, als das Verlorengeglaubte doch wieder zum Vorschein gekommen, habe die Freude den ausgestandenen Kummer weit übertroffen. Und er habe das wiedergefundene Schaf liebevoll auf seine Schultern geladen und habe gerade dieses eine besonders ins Herz geschlossen und hinfort mehr als die andern geliebt. Darauf erklärten wir Kinder, wir würden also in Zukunft, wenn wir uns verspäteten, gleich drei Tage wegbleiben und uns versteckt halten; dann werde man uns hernach mit offenen Armen empfangen, ja, wir würden von da an noch mehr geliebt als vorher. Bedenkenlos deuteten wir recht fröhliche Dinge in das Gleichnis hinein, auch wenn wir ahnten, daß diese kaum dem Gedanken des Heilands entsprachen. Wir deuteten über den Geltungsbereich hinaus: Das

Schäflein verlief sich, wir wollten uns verstecken, und dies ist ein Unterschied. Nicht ganz unschuldig an unsern wilden Deutungen war der Lehrer selber, der mit der Bemerkung, der Hirt habe danach jenes wiedergefundene Schäfchen mehr als die anderen geliebt, ebenfalls den Geltungsbereich des Gleichnisses überschritten hatte; denn von der Frau des anderen Gleichnisses kann man ja gewiß nicht sagen, sie werde fortan das wiedergefundene Geldstück mehr als die anderen lieben.

EIN DOPPELGLEICHNIS

Beachten wir also den Wortlaut des Doppelgleichnisses vom verlorenen Schaf und von der verlorenen Drachme (Lk 15,4–10):

Wer von euch, der hundert Schafe hat und eines davon verliert, läßt nicht die neunundneunzig in der Steppe zurück und geht dem verlorenen nach, bis er es findet? Und wenn er es gefunden hat, legt er es voll Freude auf seine Schultern; und wenn er nach Hause kommt, ruft er seine Freunde und Nachbarn zusammen und sagt zu ihnen; Freut euch mit mir; ich habe mein Schaf gefunden, das verloren war. Ich sage euch: Ebenso wird im Himmel mehr Freude sein über einen Sünder, der umkehrt, als über neunundneunzig Gerechte, die es nicht nötig haben, umzukehren.

Oder welche Frau, die zehn Drachmen hat und eine da-

von verliert, zündet nicht ein Licht an und kehrt das Haus und sucht unermüdlich, bis sie sie findet? Und wenn sie sie gefunden hat, ruft sie ihre Freundinnen und Nachbarinnen zusammen und sagt: Freut euch mir mir; ich habe die Drachme gefunden, die ich verloren hatte. Ich sage euch: Ebenso ist bei den Engeln Gottes Freude über einen einzigen Sünder, der umkehrt.

Die beiden Gleichnisse werden streng parallel erzählt – eine Form, die uns aus Märchen wohlvertraut ist: Zwei einander genau entsprechende Begebenheiten werden in genau den entsprechenden Worten erzählt, Gleiches gleich, Ähnliches ähnlich. Im Märchen von Frau Holle gehen die beiden Mädchen, zuerst das gute, dann das schlechte, genau den gleichen Weg, kommen am Backofen und am Apfelbaum vorbei zu Frau Holles Haus.

Die Gleichnisse vom verlorenen Schaf und von der verlorenen Drachme sagen beide dasselbe aus. Das erste würde für die Darstellung des Gedankens vollkommen genügen; das zweite bringt keinen neuen Gedanken. Was Jesus den Anstoß zur Verdoppelung des Gleichnisses gab, war offenbar die sich hier bietende Gelegenheit, die lustige Wirkung parallelen Erzählens zu erzielen. Es reizte ihn, neben das Beispiel aus dem Leben des Mannes, des Hirten, der dem verirrten Schaf nachsteigt, ein anderes gleichartiges aus der Häuslichkeit der Frau zu stellen, die in ihren Habseligkeiten herumrumort, um die verlorene Drachme zu finden.

Man freut sich an den Gleichheiten: Beide, der Hirt und die Frau, sprechen genau dieselben Worte: «Freut euch mit mir; ich habe mein Schaf – die Drachme – gefunden, das verloren war!» Man freut sich aber auch an den kleinen notwendigen Veränderungen, zum Beispiel an den erwähnten Zahlen: Der Hirt hat von hundert Schafen eines verloren, die Frau von zehn Drachmen eine; die Größenordnungen werden stimmen: hundert Schafe, eine mittlere Herde – zehn Drachmen, das Geld, das eine geplagte Frau etwa zur Verfügung hatte.

Erscheint in der ersten Geschichte ein Umstand als sonderbar, so wird derselbe Umstand in der zweiten Geschichte, da seine Sonderbarkeit Bestätigung findet, als lustig empfunden. Der Hirt, der sein Schäfchen wieder hat, ruft die Freunde und Nachbarn zusammen, um sein Abenteuer zu erzählen und seine Freude kundzutun. Wird die menschliche Mitteilsamkeit da nicht reichlich übertrieben gezeichnet? Wir wollen einräumen, daß die Empfindungen der damaligen Menschen den unsern nicht in allem entsprachen und daß in einem stillen Dorf am Rand der Wüste die kleinste Begebenheit ungemein aufregend sein konnte. Man mag sich sogar einen so geschwätzigen Hirten vorstellen, den der Mitteilungsdrang zwingt, wegen eines fast alltäglichen Erlebnisses die Nachbarn zusammenzurufen. Doch daß das als selbstverständlich und allgemein verbreitet vorausgesetzt wird – denn es heißt ja, «Wer von euch» täte das nicht? –, das scheint doch eindeutig über die Wirklichkeit hinauszugehen. Wenn wir aber in der zweiten Geschichte hören, daß auch die Frau ihrerseits ihre Freundinnen und Nachbarinnen zusammenruft, um ihr sogar noch unbedeutenderes Erlebnis zu erzählen, und wenn wir wiederum vernehmen, daß solcher Mitteilungsdrang allgemein verbreitet sei – «Oder welche Frau» täte das nicht? –, dann dürfen wir beim Erzähler ein Lächeln vermuten.

Nebenbei: Es gibt eine Deutung, die das scheinbare Mißverhältnis zwischen der unbändigen Freude der Frau und deren geringem Anlaß beseitigen möchte durch eine Aufwertung des wiedergefundenen Gegenstandes: Jene «Drachme» sei eines von zehn Schmuckplättchen ihres Stirnbandes; der Verlust des einen entwerte das Ganze. – Diese Deutung ist abzulehnen, weil sie etwas von der strengen Parallelität der beiden Gleichnisse preisgibt: Der Verlust des einen Schäfleins entwertet gewiß nicht die ganze Herde.

Es mag dies eine der nicht sehr zahlreichen Stellen in den überlieferten Worten Jesu sein, wo wir glauben, Humor festzustellen, wenn Humor ein fröhliches Ja-Sagen zu menschlicher Absonderlichkeit einschließt. Immerhin ist der Humor hier nicht um seiner selbst willen da. Die übertreibende Darstellung des Mitteilungsdranges verfolgt einen im Gleichnis gegebenen Zweck: Sie will deutlich machen, wie unbändig sich einer freut, wenn er Vermißtes wiedergefunden hat.

Der Hirt und die Frau unseres Gleichnispaares entsprechen zunächst Jesus; auch er sucht Verlorenes. Zugleich aber entsprechen sie, was die Freude über das Wiedergefundene betrifft, dem Vater im Himmel. Anstatt aber den Vater im Himmel jauchzen zu lassen – was doch wohl nicht angeht –, läßt der Erzähler in dessen Vertretung die Engel des Himmels jubilieren; und die Engel mag sich der Zuhörer in jedem beliebigen Grad der Ausgelassenheit lärmend, tanzend, trompetend vorstellen, ganz wie es ihm beliebt.

Die Darstellung der beiden Gleichnisse weist eine sehr auffällige Eigentümlichkeit auf. Es wird da nicht eine losgelöste, auf eigenen Beinen stehende Geschichte erzählt, etwa so beginnend: ‹Es war ein Hirt, dem war ein Schäflein entlaufen...› Vielmehr wendet sich das Gleichnis geradewegs an die Zuhörer: «Wer von euch, der hundert Schafe hat und eines davon verliert, läßt nicht die 99 in der Steppe zurück und geht dem verlorenen nach...?» Das ganze Gleichnis steht unter dem großen Bogen einer Frage, und diese verlangt kurzerhand Bestätigung von jedem einzelnen Zuhörer. Jeder der zuhörenden Männer – und es sind auch Pharisäer darunter, denn ihnen antwortet die Rede – wird da als Hirt angesprochen, der ein Schaf verloren hat. Wer von euch tut das nicht? Die Frage verleiht – in leicht ironischem Ton – der Geschichte Selbstverständlichkeit, wobei der fragend-behauptende Ton sich auch auf die folgenden Sätze ausdehnt, die nicht mehr die Frageform aufweisen: «... und (nicht wahr?), wenn er es gefunden hat, legt er es voll Freude auf seine Schultern, und wenn er nach Hause kommt, ruft er (wer tut das nicht?) seine Freunde und Nachbarn zusammen...» Abgebrochen wird der fragende Ton mit den beinahe beschwörenden Worten «Ich sage euch», die begeistert auf das weisen, was das Gleichnis zeigen will: «Ebenso wird im Himmel mehr Freude sein über einen Sünder...»

Das Gleichnispaar vom verlorenen Schaf und von der verlorenen Drachme ist, alles zusammengenommen, ein Kunstwerk von vollkommener Schönheit. Witz, Scherz, Humor, leichte Ironie, lebendige Vorstellungskraft, aber auch, wie wir sehen, einige sozusagen handwerkliche Kunstgriffe sind da aufgeboten zur Erreichung des einen Ziels: den Jubel über einen umkehrenden Sünder darzustellen.

WELCHE IRONIE!

Wenn in unserem Gleichnispaar die Ironie noch verhüllt sein mag, so tritt sie deutlich hervor in dem anschließenden Gleichnis vom verlorenen Sohn. Dieses ist ausgebaut zu einer Erzählung, die im Verhältnis zu der Knapphcit, die Jesus sonst bevorzugt, als so lang erscheint, daß man sie heutzutage eine Kurzgeschichte nennen würde.

Sie besteht aus zwei ungefähr gleich großen Teilen. Der erste enthält die Erlebnisse des verlorenen Sohnes, erzählt seinen Auszug von zuhause, sein Schlemmerleben in der Fremde, sein Elend als Schweinehirt, seine Reue und Rückkehr, seine ungeahnte Aufnahme durch den Vater, der sogar einen Festschmaus anordnet. – Der zweite Teil redet von dem anderen Sohn, dem guten. Aus der Sicht dieses guten Sohnes wird hier berichtet, zunächst von seinen Empfindungen bei der Rückkehr des verschollenen Bruders, dann von seinem Gespräch mit dem Vater. Dieser zweite Teil (Lk 15,25–32) lautet:

Sein älterer Sohn war auf dem Feld. Als er heimging und in die Nähe des Hauses kam, hörte er Musik und Tanz. Da rief er einen der Knechte herbei und erkundigte sich, was das bedeuten solle. Der Knecht antwortete: Dein Bruder ist gekommen, und dein Vater hat das Mastkalb schlachten lassen, weil er ihn heil und gesund wiederbekommen hat. Da wurde er zornig und wollte nicht hineingehen. Doch sein Vater kam heraus und redete ihm zu. Er aber erwiderte dem Vater: So viele Jahre diene ich dir und habe nie gegen deinen Willen gehandelt; und mir hast du nie einen Bock gegeben, damit ich mit meinen Freunden ein Fest feiern konnte. Kaum aber ist der hier gekommen, dein Sohn, der dein Geld mit Dirnen durchgebracht hat, da hast du ihm das Mastkalb geschlachtet. Da sagte der Vater zu ihm: Mein Kind, du bist immer bei mir, und alles, was mein ist, ist auch dein. Du solltest aber fröhlich sein und dich freuen; denn dein Bruder war tot und ist le-

bendig geworden, und war verloren und ist wiedergefunden worden.

Für die Pharisäer, die hier zuhören, ist dieser zweite Teil voller Spott. Denn es versteht sich von selbst, daß die Pharisäer sich mit dem Guten und Gerechten gleichsetzen werden. Darauf bauend zeichnet Jesus den guten Sohn als das getreue Abbild eines solchen Pharisäers. So würde in der gleichen Lage ein Pharisäer reden.

Als der gute Sohn vom Feld kommt, erweckt von weitem fröhliche Musik sein Mißtrauen. Er vernimmt, sein Bruder sei wieder da. Darüber ist er nicht froh, sondern verärgert, und vor allem ist er gekränkt wegen der Zurüstung eines Festmahls. Er, in seiner verkrampften Rechtlichkeit ein Griesgram, verspürt Eifersucht, Neid, Bedrohung seiner Vorzugsstellung. Vor dem Vater begehrt er auf, als dieser zu ihm herauskommt: Er selber habe für sich und seine Freunde nie ein Festmahl feiern dürfen; wenn einer Ehre verdiene, so sei er es, keinesfalls der andere, der Verkommene. «So viele Jahre diene ich dir, und habe nie gegen deinen Willen gehandelt.» Aber wie lohnt man es ihm? Er hält die Freude über die Rückkehr seines Bruders für eine Bevorzugung und Belohnung des Sünders. Der heimkehrende Sünder wird umjubelt. Er aber, der gute Sohn, ist stets leer ausgegangen. Und er könnte das vermeintlich erlittene Unrecht weiterdenken und fragen: Wird nicht eine solche Bevorzugung des Verdorbenen geradezu

zur Sünde einladen – wenn man doch, nachdem man die Freuden der Sünde ausgekostet hat, jederzeit umkehren kann und mit Jubel empfangen wird?
Aus den Vorbereitungen zum Festschmaus zieht er den falschen Schluß, der Vater werde auch in Zukunft den zurückgekehrten liederlichen Bruder vorziehen. Er begreift nicht, daß das Fest lediglich der *Rückkehr* des Verlorenen gilt; vom nächsten Tag an wird der Vater beide gleich behandeln. Aber selbst daran hätte der gute Sohn keinen Gefallen; er glaubt Anspruch auf Bevorzugung zu haben. Wäre der Bruder schlecht aufgenommen oder abgewiesen worden, so wäre solche Bestrafung des Nichtsnutzigen für ihn, den Guten und Gerechten, geradezu der schönste Lohn für sein getreues Rechttun!
Und nun die Worte des Vaters – sie sind von hintergründiger Ironie. In aller Vertraulichkeit weist er die Klagen des guten Sohnes über ungerechte Behandlung zurück; er beruhigt ihn: «Mein Kind», sagt er, «du bist immer bei mir, und alles, was mein ist, ist auch dein.» Darin freilich ist zunächst noch keine Spur von Ironie: Der Vater meint seine Worte nicht anders, als wie er sie spricht; nichts anderes als Güte ist darin. Und doch – ist der Tonfall nicht um ein ganz weniges zu süß? Was liegt vor?
«Du bist immer bei mir!» sagt der Vater im Gleichnis zum guten Sohn; damit läßt Jesus zugleich den Vater im Himmel zu den Pharisäern sagen: ‹Ihr seid immer bei mir!› Was der Vater zum guten Sohn in vollem

Ernst spricht, dieses selbe könnte aber der Vater im Himmel zu den engherzigen Pharisäern nur mit Spott und Ironie sagen; er würde nämlich in seinen Gedanken hinzufügen: ‹Dies wenigstens bildet ihr euch ein!› Denn sie meinen ja in ihrem Hochmut, Anspruch auf einen Vorzugsplatz in der Nähe Gottes zu haben – und wie unendlich weit sind sie davon entfernt! Der Vater im Gleichnis fährt fort: «Und alles, was mein ist, ist auch dein.» Sagt somit der Vater im Himmel zu den Pharisäern: ‹Was mein ist, ist auch euer!› – so klingt dies geradezu, als sagte er: ‹Mein Reich ist euer Reich!›; und wiederum würde er beifügen: ‹So meint ihr!›

Haben jene Menschen, die damals zuhörten, die Ironie verstanden? Bei eben diesen Worten, die der Vater im Gleichnis spricht, wird sich Jesus in so auffälliger Weise den vor ihm stehenden Pharisäern zugewandt haben, daß sie und jeder andere Zuhörer merkten, wie er hier den Vater im Himmel zu ihnen sprechen ließ. Jeder wußte, daß er die Pharisäer gewiß nicht als Gottes Lieblinge hinstellte. Trotzdem mußte es den Damaligen höchst seltsam und unerhört erscheinen, daß er es wagt, Gott an einem derartigen Spiel teilhaben zu lassen und ihm, eben über das Mittel des Gleichnisses, ironische Worte in den Mund zu legen. Nur sein freies Gottesverständnis, für die damalige Zeit etwas Unerhörtes, konnte eine derartige Kühnheit möglich machen.

Mit einem Schlag aber ist alle Ironie weg, als der Vater zum Schluß sagt: «Denn dein Bruder war tot und ist lebendig geworden.» Jetzt ist in den Augen Jesu ein anderes Blitzen, das der Begeisterung, des Stolzes. Jetzt redet er von seiner Sache. Seine Aufgabe ist es, Verlorenes wiederzufinden. Verlorenes ist so gut wie tot; Gefundenes ist so gut wie lebendig geworden.

Gestörte Nachtruhe

Was an dem folgenden Gleichnis zunächst Befremden hervorruft, wird sich als übermütige und gewagte Kühnheit erweisen. Es ist das Gleichnis vom bittenden Freund und steht in dem Teil der Bergpredigt, wo vom Beten die Rede ist, unmittelbar nach dem «Vaterunser».

LUSTIGES GLEICHNIS IN ERNSTER SACHE

Wie? Kühnheit, Gewagtheit, Übermut in derart ernstem Zusammenhang? Denn, nachdem Jesus gelehrt hat, wie wir beten sollen, spricht er jetzt über die Frage, ob der Vater im Himmel das Gebet der Menschen erhöre (Lk 11,5–8):
Wer unter euch hätte einen Freund und ginge zu ihm um Mitternacht und sagte zu ihm: Freund, leihe mir drei Brote, denn ein Freund von mir ist auf der Reise zu mir gekommen, und ich habe ihm nichts vorzusetzen; und jener würde von innen antworten und sagen: Laß mich in Ruhe! Die Tür ist schon verschlossen, und meine Kinder sind mit mir im Bett; ich kann nicht aufstehen und dir etwas geben. Ich sage euch: Wenn er schon nicht deswegen

aufstehen und ihm geben wird, weil er sein Freund ist, so wird er doch wegen seiner Unverschämtheit aufstehen und ihm geben, was er braucht.

Wegen seiner Unverschämtheit! Tatsächlich, wir haben richtig gelesen: Wegen seiner Unverschämtheit wird dem Bittenden der Wunsch erfüllt! Daß der aufgesuchte Freund, gereizt und ermüdet durch die hartnäckigen Bitten, schließlich nachgibt, weil er nichts anderes wünscht, als für den Rest der Nacht in Ruhe gelassen zu werden, das begreifen wir wohl und können es sogar nachfühlen. Als Gleichnis aber in einer Predigt über das Beten scheint es uns doch mehr als sonderbar. Denn wir sehen uns ja gezwungen, daraus die fragwürdige Folgerung abzuleiten, man dürfe, ja man müsse, wenn man beim Vater im Himmel etwas erreichen wolle, nur recht beharrlich und unverschämt bitten und fordern, dann werde auch er schließlich erschöpft nachgeben. Ein sonderbarer Gott wäre das!

Worin besteht die Unverschämtheit des Bittenden? Was er vom Freund verlangt, ist gewiß nicht unverschämt. Er bittet um das, was er dringend braucht, weil ein unerwarteter Gastfreund angekommen ist: drei Brote verlangt er, und nicht einmal geschenkt, nur geliehen. So müßte die Unverschämtheit darin liegen, daß er mitten in der Nacht den Freund herausklopft und, obgleich er abgewiesen wird, ihn so lange bedrängt, bis er das Begehrte erhält. Der Mann befindet sich in einer Notlage. Die damals heilig ge-

haltene Gastfreundschaft verlangt von ihm gebieterisch, den Gast zu verpflegen. Hat er ihm nichts vorzusetzen, so muß er alles versuchen, um das Notwendige zu beschaffen. Er erwartet vom Freund Hilfe in der Not. Ist nun das, was wir für gutes Freundesrecht halten, für das Empfinden Jesu unverschämt? Man könnte es beinahe meinen; denn er scheint es ja ausdrücklich zu bekräftigen: «Ich sage euch, er wird wegen seiner (des Freundes) Unverschämtheit aufstehen.» Und doch dürfen wir nicht ernstlich annehmen, Jesus halte die Störung der Nachtruhe und das Verlangen nach Freundeshilfe für eine Ungehörigkeit. Nein, die nächtliche Störung empfindet niemand als eine Unverschämtheit, ein einziger ausgenommen: der aus dem Schlaf gerissene Freund selber. «Laß mich in Ruhe!» jammert er – oder (nach dem Urtext) noch wehleidiger: «Mach mich nicht krank», du unverschämter Kerl!
Schließlich läßt er den Freund aber ein, und zwar gerade deshalb, weil er sein Freund ist. Freilich schimpft er dabei, wie man bei derartiger Störung auf einen Freund schimpft, ohne Zimperlichkeit, polternd, grob, aber doch mit einer gewissen Gutmütigkeit; er mag ihn ein Ekel nennen, einen rücksichtslosen Trottel, ohne daß deswegen die Freundschaft auch nur im geringsten zu leiden hätte; im Gegenteil: solches Schimpfen beruft sich ja gerade auf die Freundschaft und geschieht in ihrem Namen. Er mag sagen: «Wohlverstanden: ich gebe es dir nicht, weil du mein

Freund bist, ich gebe es dir nur wegen deiner Unverschämtheit, damit ich und meine Kinder endlich vor dir Ruhe haben!» Damit kündigt er ihm aber nicht etwa die Freundschaft auf. Er mag in der Gereiztheit des Augenblicks mit einer Art Überzeugung sprechen – morgen wird er mit dem Freund über die nächtliche Aufregung lachen.

In der Art, wie Jesus in diesen so sparsamen Worten das Verhalten der beiden Freunde, zumal des aufgeschreckten, zeichnet, liegt Humor, fröhliche Feststellung einer menschlichen Narrheit. Und besonders reizvoll ist es, daß er – man darf wohl sagen spaßeshalber – etwas von den Schimpfbehauptungen des Herausgeklopften herübernimmt in die Worte, die er mit der Wendung «Ich sage euch» als die eigenen kennzeichnet.

EIN WIEVIEL-MEHR-VERGLEICH

Dem Gleichnis folgen zwei erklärende Hinweise. Zunächst (Lk 11,9–10):

Darum sage ich euch: Bittet, dann wird euch gegeben werden; sucht, dann werdet ihr finden; klopft an, dann wird euch geöffnet werden. Denn wer bittet, der empfängt; wer sucht, der findet; und wer anklopft, dem wird geöffnet.

Beinahe erschrecken wir. Dies scheint ja geradezu eine Bestätigung eben der Deutung zu sein, die wir für fragwürdig, ja für unmöglich halten: Klopft an! Nur keine Hemmungen! Bittet nur hartnäckig wie jener Ruhestörer, nehmt euch ein Beispiel an ihm! Gott wird sich erweichen lassen! – Aber weiter (Lk 11,11–13):

Oder ist unter euch ein Vater, der seinem Sohn eine Schlange gibt, wenn er um einen Fisch bittet, oder einen Skorpion, wenn er um ein Ei bittet? Wenn nun ihr, die ihr böse seid, euren Kindern gebt, was gut ist, wieviel mehr wird der Vater im Himmel den heiligen Geist denen geben, die ihn bitten.

Jesus, noch immer von der Wirksamkeit des Bittens und Betens handelnd, verwendet hier eine besondere Form des Vergleichs. Dieser Vergleich beruht nicht auf einem Gleichsatz; er lautet nicht so: Wie ihr die Bitten eurer Kinder erfüllt, wenn sie hungrig sind, genau so erfüllt der Vater im Himmel eure Bitten. Es handelt sich nicht um einen *Genau-so-Vergleich*, sondern um einen *Wieviel-mehr-Vergleich*; und der lautet: ‹Wenn ihr, die ihr böse seid, euren Kindern zu essen gebt, wenn sie hungrig sind, wieviel mehr wird der Vater im Himmel in seiner Güte eure Bitte erfüllen.› Ein solcher Vergleich besitzt um so größere Wirkung, je weiter der Abstand des *Wieviel-mehr* klafft. Jesus, wie wir ihn kennen, versteht sich darauf, im Entwerfen großer Unterschiede zum Alleräußersten vorzustoßen.

Er stellt hier die Bosheit der Menschen und die Güte Gottes gegeneinander und sagt: Die menschliche Bosheit mag zwar groß sein, aber sie kann doch nicht so groß sein, daß sie – und nun zeichnet er äußerste Bosheit – noch über die menschliche hinausgeht: daß Eltern ihren hungrigen Kindern Steine statt Brot, eine Schlange statt eines Fisches geben würden. Wieviel mehr aber wird der Vater im Himmel – er in seiner Güte! – euch das geben, dessen ihr bedürft.

Damit gibt Jesus einen wichtigen Hinweis auf unser vorangehendes Gleichnis von der nächtlichen Ruhestörung. Denn wir bemerken spätestens jetzt, daß jenes Gleichnis auf dem Wieviel-mehr-Vergleich beruht. Wir haben keine Mühe, es in ganz entsprechender Weise in einen Wieviel-mehr-Satz zu kleiden; dieser würde lauten: ‹Wenn ein brummiger, wehleidiger, aus dem Schlaf geschreckter Mann dem zur Unzeit bittenden Freund sogar in höchster Verärgerung seinen Wunsch erfüllt, nicht aus Freundschaft, auch nicht wegen des Gebotes der Gastfreundschaft, sondern weil jener in seiner Unverschämtheit nicht locker läßt, *wieviel mehr* wird der Vater im Himmel in seiner Güte, wenn ihr ihn bittet, euch das geben, was ihr nötig habt!›

Das Gleichnis will also nichts anderes zeigen als wie sehr der Vater im Himmel bereit ist, die Bitten zu erhören – und deshalb sollen wir Menschen uns ohne Scheu an ihn wenden. Ohne Scheu, ja; aber gewiß werden wir nicht mit Unverschämtheit, Aufsässigkeit, Hartnäckigkeit bitten. Dem mißgelaunten Freund gegenüber war Hartnäckigkeit notwendig und angebracht; dem Vater im Himmel gegenüber ist sie weder angebracht noch notwendig. Aber auch der Inhalt der an den Vater im Himmel gerichteten Bitten wird nicht unverschämt sein.

Was aber ist es, worum die Menschen Gott bitten sollen? Was brauchen sie? Jesus sagt es: «den heiligen Geist». Wir heute würden hier lieber etwas anderes hören, etwas Handgreiflicheres. Denn in uns weckt dieses Wort die Vorstellung von etwas unerreichbar Hohem, zugleich von etwas Unbekanntem und daher Unbestimmtem. Für Jesus und dessen Zuhörer mußte es dagegen etwas sehr Bestimmtes bedeuten.

Der Mann, der die drei Brote nötig hatte, ging zu seinem Freund. Es wäre gewiß völlig abwegig gewesen, wenn er das, was er brauchte, nicht vom Freund, sondern kurzerhand und geradenwegs vom Vater im Himmel hätte erbitten wollen, der doch gütig und allmächtig ist. Von ihm hätte er, auch auf die inständigste Bitte hin, nicht die Brote geliefert bekommen. Das, worum wir Gott bitten sollen, ist nicht materieller, sondern geistiger Art. Der «Geist», um den wir bitten sollen, ist etwa der leidenschaftliche Drang nach dem, worauf es Gott ankommt: nach Gerechtigkeit, Treue, Barmherzigkeit – kurzum nach Nächstenliebe. Dieses heilige Feuer wird Gott in das Herz desjenigen geben, der bereit ist, es zu empfangen.

EIN GEWAGTES BILD

Aus dem kühnen und übermütigen Gleichnis wird ein noch kühneres, ja ein sehr gewagtes, wenn wir uns bildhaft und in Einzelheiten bewußt machen, daß der wehleidige Familienvater, von dem da die Rede ist, mit dem Vater im Himmel verglichen wird. Denn wie lächerlich ist jener in seiner Aufgeschrecktheit und Grämlichkeit gezeichnet! Geht es an, den Vater im Himmel mit einem derart kläglichen Freund zu vergleichen? Ist das nicht Lästerung – selbst wenn sich der Vergleich ausdrücklich für ungültig erklärt?

Die Menschen von damals hatten ihre Anweisungen: Du sollst dir kein Bildnis von Gott machen, kein Gleichnis; denn kein Bildnis und kein Gleichnis kann ihn in seiner Größe darstellen; er würde durch das Bildnis und durch das Gleichnis beleidigt. Wer, solches befürchtend, derartige Vorschriften erläßt, muß folgerichtig auch negative Vergleiche verbieten: Du sollst auch kein Bildnis oder Gleichnis machen und dabei sagen, so schaue Gott nicht aus, dem sei er nicht vergleichbar. Denn dahinter lauert die Frage: Wie also schaut er aus?

Für die damals geltende Gottesvorstellung, bei der man ängstlich darauf bedacht war, nur ja nicht mit einem Formfehler Gott zu beleidigen, mußte die vergleichende Gegenüberstellung Gottes und jenes lächerlichen Mißgelaunten etwas geradezu Frevelhaftes sein. Gott müßte angesichts eines solchen Vergleichs, der ihn eben doch in der Rolle eines grämlichen Menschen zeigt, in hellen Zorn ausbrechen. Angenommen, es war damals unter den Zuhörern Jesu einer seiner Gegner; der wäre in der Überzeugung bestärkt worden, er müsse nach Kräften mithelfen, den Mann zu vernichten, der solches lehre und solche gotteslästerliche Späße treibe.

SONST SCHLÄGT SIE MICH INS GESICHT

Unser Gleichnis ist nicht etwa zufällig und ungewollt derart kühn ausgefallen. Denn es erhält eine verblüffende Bestätigung durch ein ganz ähnliches, das ebenfalls zeigen will, man solle recht beharrlich beten. Dieses andere Gleichnis – es ist das vom ungerechten Richter – weist dieselben Wagnisse und ähnliche Sonderbarkeiten auf und beweist, daß da offenbar eine kühne Lieblingsvorstellung Jesu vorliegt. Es lautet (Lk 18,2–5):

Es war ein Richter in einer Stadt, der Gott nicht fürchtete und auf keinen Menschen Rücksicht nahm. In der gleichen Stadt wohnte auch eine Witwe, die immer wieder zu ihm kam und sagte: Verschaff mir Recht gegen meinen Feind. Lange wollte er nichts davon wissen. Dann aber sagte er bei sich selbst: Ich fürchte zwar Gott nicht und nehme auch auf keinen Menschen Rücksicht; trotzdem will ich dieser Witwe zu ihrem Recht verhelfen, denn sie läßt mir keine Ruhe. Sonst kommt sie am Ende noch und schlägt mich ins Gesicht.

Auch hier wird Gott in vergleichender Weise neben einen kläglichen Menschen gestellt. Diesmal nicht neben einen mißgelaunten Familienvater, sondern, noch überraschender: neben einen ungerechten Richter, der nicht einmal Gott fürchtet und außerdem ein so jämmerlicher Feigling ist, daß er einer armen Witwe bloß deshalb zu ihrem Recht verhilft, weil er Angst hat, sie könne kommen und ihm eine runterhauen! – Und es fehlt nicht die ausdrückliche Erklärung Jesu, daß dieses Gleichnis wiederum auf einem Wieviel-mehr-Vergleich beruht; denn er fährt fort (Lk 18,6–7):

Bedenkt: Dies sagte der ungerechte Richter. Gott aber, wird er seinen Auserwählten, die Tag und Nacht zu ihm rufen, nicht zu ihrem Recht verhelfen?

Also: Wenn sogar der gottlose Richter sich schließlich, nicht um der Gerechtigkeit willen, sondern aus Feigheit, herbeiließ, der Witwe zu ihrem Recht zu verhelfen, wieviel mehr wird Gott...

Wenn Jesus solche Vergleiche bedenkenlos wagt, ja für sie eine ausgesprochene Vorliebe hat, so zeigt das mit aller Deutlichkeit, daß Gott, wie er ihn sieht, von so großzügiger und freimütiger Wesensart ist, daß er sogar witzige und lustige Vorstellungen, mit denen man ihn in Verbindung bringen mag, als das nimmt, was sie sein wollen. Die beiden Gleichnisse, die in unerhörter und gewagter Weise den Vater im Himmel in eine vergleichende Beziehung zu jenem grämlichen und kleinherzigen Familienvater oder diesem ungerechten und feigen Richter stellen, wollen gerade durch ihre Kühnheit die Größe und Güte, die heitere Freimütigkeit Gottes aufzeigen.

Ein Sing- und Tanzspiel

Einem kleinen liebenswerten Gleichnis wollen wir uns zuwenden; Jesus sprach es im Anschluß an eine außergewöhnliche Begebenheit. Johannes der Täufer, seit langer Zeit von Herodes eingekerkert, hatte zwei seiner Jünger vom Gefängnis aus zu Jesus geschickt mit der verzweifelt drängenden Frage: «Bist du es, der da kommen soll, oder sollen wir auf einen anderen warten?» Jesus antwortet ausweichend. Er trägt den beiden Boten auf, dem Johannes zu berichten, was sie bei ihm gesehen hätten: er heile Kranke, erwecke zum Leben und verkünde die frohe Botschaft; und er fügt bei: «Wohl dem, der an mir keinen Anstoß nimmt.» Ein seltsamer Bescheid.

Nachdem sich die beiden wieder auf den Rückweg gemacht hatten, erwarteten die Jünger einige erklärende Worte. Da versammelte er die Jünger und das Volk und sprach – nicht eigentlich über das soeben Geschehene, sondern lediglich über ihn, den großen und eigentümlichen Mann Johannes den Täufer, zu welchem die Boten nun zurückkehrten. Gegen den Schluß seiner Rede heißt es (Lk 7,31–34):

Mit wem soll ich also die Menschen der heutigen Zeit vergleichen? Wem sind sie ähnlich? Sie sind Kindern ähnlich, die auf dem Marktplatz sitzen und einander zurufen: Wir haben euch aufgespielt, und ihr habt nicht getanzt; wir haben Klagelieder gesungen, und ihr habt nicht geweint. Johannes der Täufer ist gekommen, der aß nicht Brot und trank nicht Wein; da sagt ihr: Er ist von einem Dämon besessen. Der Menschensohn ist gekommen, der ißt und trinkt; da sagt ihr: Dieser Fresser und Säufer, dieser Freund der Zöllner und Sünder!

Die Worte sind in mancher Hinsicht erstaunlich. Wie merkwürdige Äußerungen hat das kleine Gleichnis zu beleuchten!

Was für ein Spiel spielten jene Kinder auf dem Marktplatz? Ich erinnere mich, daß wir als Kinder etwas Ähnliches spielten. Man sang dabei eine vielstrophige Geschichte und stellte sie gleichzeitig mit Reigenschritten und spärlichen Bewegungen dar. Die Worte, die Weise, die Schritte und Bewegungen waren festgelegt, von einer Kindergeneration an die andere weitergegeben. Manches davon war abgewetzt, kaum mehr recht kenntlich. Aber ein ahnungsvoller Zauber lag über dem geleierten Singsang und den dürftigen Gebärden. Wir spielten «Mariechen saß auf einem Stein» oder «Es kam ein Herr von Ninive» ...

Eine solche Kinderballade führten die Kinder des Gleichnisses auf – bloß spielten sie das Spiel damals etwas anders als wir. Sie waren in zwei Gruppen eingeteilt: in die Sänger, die die Geschichte sangen, und die Tänzer, die sie in Gebärde und Reigen darstellten. Was jene Kinder des Gleichnisses aufführten, muß eine damals allgemein vertraute Sing- und Tanzgeschichte gewesen sein. Die kurzen andeutenden Worte Jesu genügten, daß seine Zuhörer sie sogleich erkannten. Sie handelte von Liebe und späterem Leid, genauer – dies wird durch eine andere Stelle, wie wir sehen werden, nahegelegt –: von Hochzeit und späterer Trennung durch den Tod des jungen Ehemannes.

EIN SPIEL DES KNABEN JESUS

Dieses Gleichnis ist besonders deshalb so reizvoll, weil sich darin ein Erlebnis spiegelt. Jesus erinnert sich hier, so scheint es, an eine bestimmte Aufführung jenes Sing- und Tanzspiels, bei der etwas Besonderes vorfiel. Er hatte daran entweder als Zuschauer oder aber als mitspielender Knabe teilgenommen. Die zweite Möglichkeit, wie sich zeigen wird, ist wohl die wahrscheinlichere; und wenn dies zutreffen sollte, so dürfte hier eine seiner frühesten Kindheitserinnerungen vorliegen.

Eines Tages nämlich mißlang die kleine Aufführung, weil die Kinder der einen Gruppe Spielverderber waren. Die Gruppe der Tänzer, angeführt von ein paar älteren Lümmeln, leistete sich den Spaß, den Gesang der andern Gruppe mit genau den verkehrten Handlungen zu begleiten. Als die Sänger von froher Hochzeit sangen, führten die Tänzer die Gebärden der

Trauer aus, und als jene vom späteren Leid sangen, tanzten sie dazu den Hochzeitsreigen. Damit aber fügten sie den kleinen Sängern nicht geringes Leid zu. Denn sie verdarben den dem Spiel eigenen Zauber, der nicht zuletzt in der vertrauten und unwandelbaren Richtigkeit der Abfolge lag. Der Knabe Jesus aber befand sich, wie wir wohl annehmen dürfen, unter den Sängern. Gerade durch die Bitterkeit jählings zerstörter Ordnung blieb das kleine Erlebnis in seiner Erinnerung haften.

Jesus deutet die Begebenheit bloß an – ja sogar beinahe allzu knapp. Denn was er da die kleinen Sänger schreien läßt, bedarf, genau genommen, der Ergänzung (die die Zuhörer indessen als selbstverständlich mithörten). «Wir haben euch aufgespielt, und ihr habt nicht getanzt» und «Wir haben Klagelieder gesungen, und ihr habt nicht geweint» hieße an sich ja nur, die Tänzer hätten nicht mitgespielt, seien beide Male dagestanden wie Holzklötze. Nein, daß die Tänzergruppe nicht durch verstockte Untätigkeit das Spiel verdorben hat, sondern durch absichtlich verkehrtes Tun, zeigt gerade der Gedanke, den das Gleichnis darstellen soll. Und dieser Gedanke lautet: Viele tadeln Johannes den Täufer, viele auch ihn, Jesus, selber, beide aus anderem Grund und beide zu Unrecht. Falsche Tadler aber pflegen nicht stumm zu bleiben, sondern anzugreifen, zu verleumden, absichtlich Verkehrtes zu reden. Demnach müßten im Gleichnis die betrübt schreienden Worte der kleinen

Sänger, unverkürzt und mit den selbstverständlichen Ergänzungen versehen, lauten: «Wir haben euch aufgespielt, und ihr habt nicht getanzt, *sondern geweint*» und: «Wir haben Klagelieder gesungen, und ihr habt nicht geweint, *sondern getanzt.*» – Wie die Tänzer das Spiel durch ihre boshafte und verkehrte Darstellung verdarben, so verleumden die Tadler durch boshafte und verkehrte Behauptungen.

Johannes den Täufer nennen sie einen Besessenen; er ist ihnen zu grimmig. Ihn dagegen, den Nazarener, nennen sie einen Fresser und Säufer. Gehen wir vorläufig auf diese harten Bezeichnungen nicht ein – jedenfalls: Er ist ihnen zu fröhlich. Sie meinen, wer die Welt auf den rechten Weg führen wolle, müsse als Asket leben, er müsse die sündhaften Menschen aufschrecken, müsse sie lehren, Gott zu fürchten. Jesus dagegen bringt die Menschen statt zur Zerknirschung zur Fröhlichkeit, statt zum Weinen zum Lachen, statt zur Angst zur Zuversicht, er liebt die Menschen, auch die Sünder, lehrt sie auf die ganz besondere Gerechtigkeit Gottes zu vertrauen. Nein, mit solcher Haltung und auf solche Art, meinen die Tadler, kann man die Menschen nicht bessern.

Gleichnis und darzustellender Gedanke stimmen also in folgender Weise überein: Jene Spielverderber weigern sich aus bösem Spaß, das Fröhliche als Fröhliches, das Traurige als Trauriges gelten zu lassen; die Tadler Jesu und des Täufers weigern sich aus Bosheit, den Freudigen als einen Freudigen, den Grimmigen als einen Grimmigen gelten zu lassen. Jenen Spielverderbern und diesen Tadlern ist also gemeinsam: sie *weigern sich,* etwas als das, was es ist, oder Menschen als das, was sie sind, *gelten zu lassen.*

WIE? FRESSER UND SÄUFER?

Wir haben das, was die Tadler dem Nazarener vorwerfen, beschönigend Fröhlichkeit genannt. Sie werfen ihm aber, nach seiner eigenen Aussage, eine recht unschöne Abart der Fröhlichkeit vor, Fresserei und Sauferei. Und es brennt uns schon länger die Frage, wie denn jemand dazu kommen kann, gerade *ihm* derartige Untugenden anzuhängen, die so übel nach Laster riechen. Jesus sagt selber: «Der Menschensohn ist gekommen, er ißt und trinkt» – sagen wir sogar: und tut sich gelegentlich gütlich an Speise und Trank. Und doch verlangt er von sich und seinen Jüngern ein besitzloses und entbehrungsreiches Wanderleben. Wie geht das zusammen?

Sie lebten von der Gastlichkeit der Menschen, die sie sich in zwangloser Weise verdienten durch ihre zweifache Tätigkeit als Heilkundige und Prediger. Auf ihrer gemeinsamen Wanderung hatten sie nur die geringsten Bequemlichkeiten bei sich: jeder eine Tasche mit Proviant und gemeinsam eine kleine Geldkasse. – Sie waren gewohnt, in kargen Gegenden an bescheidenem Tisch zu sitzen; wurde ihnen aber bei Wohl-

habenderen reichlich vorgesetzt – wer wird es ihnen verargen, daß sie das Angebotene ohne Scheu und Ziererei entgegennahmen? Es konnte aber geschehen, daß ihre Anwesenheit als ein seltenes Ereignis recht laut gefeiert wurde.
Eine solche gesellige Begebenheit ist überliefert, mit der wir uns eingehend befassen wollen, weil Jesus in deren Nachspiel ein Wort sprach, in welchem gerade die Kinderballade unseres Gleichnisses eine, wie mir scheint, unverkennbare Wirkung ausübt.

BEI DER HOCHZEIT FASTEN?

Einst hatte ein ansehnliches Gastmahl stattgefunden, von einem gewissen Zöllner Levi dem Meister und seinen Jüngern zu Ehren veranstaltet, und es mag dabei ziemlich hoch hergegangen sein. Jedenfalls ergriffen einige Pharisäer die Gelegenheit, ihn und seine Leute wegen der Teilnahme an dieser Lustbarkeit zu tadeln. Der Bericht darüber läßt uns zweimal aufhorchen. Erstens ist darin von Johannes dem Täufer die Rede, dessen genügsame Lebensweise die Pharisäer dem Nazarener auch hier als vorbildlich entgegenhalten. Und zweitens antwortet Jesus just mit einem Bild von Hochzeit und späterem Leid, und es scheint auch hier die Erinnerung an jenes Kindheitserlebnis mitzuspielen. Man höre (Lk 5,33–35):
Sie sagten zu ihm: Die Jünger des Johannes fasten und

beten viel, ebenso die Jünger der Pharisäer; deine Jünger aber essen und trinken. Jesus erwiderte ihnen: Könnt ihr denn die Hochzeitsgäste zum Fasten bringen, während der Bräutigam bei ihnen ist? Es werden aber Tage kommen, da wird ihnen der Bräutigam genommen sein; in jenen Tagen werden sie fasten.

Seiner Antwort liegt zunächst der Vergleich zugrunde: Wie das fröhlichste Fest im Lebenslauf des Menschen die Hochzeit ist, so ist die fröhlichste Botschaft, die den Menschen gebracht werden kann, die vom kommenden Reich Gottes. Und wie es gänzlich abwegig wäre, wollte man von einer Hochzeitsgesellschaft verlangen, sie solle fasten statt speisen, geradeso abwegig wäre es auch, Trübsinn zu verlangen von denen, die die frohe Botschaft verkünden, und von denen, die sie hören.

Seiner Frage «Könnt ihr etwa die Hochzeitsleute zum Fasten bringen?» läßt er den seltsam anmutenden Nebensatz folgen: «während der Bräutigam bei ihnen ist». Sonderbar erscheint diese Beifügung, weil ja an jeder Hochzeit der Bräutigam teilnimmt und weil, sollte gegen Ende des Festes das Brautpaar die Gesellschaft verlassen, gewiß die Zurückbleibenden nicht in Trauern und Fasten auszubrechen pflegen. Was veranlaßte ihn zu der recht überflüssigen Erwähnung des Bräutigams? Es kann nur dies gewesen sein: Während er da das Hochzeitsfest erwähnte, bei dem man doch von den Gästen keine Trauer verlangen könnte, stieg in ihm die Erinnerung an jene Kinderballade auf –

und zugleich auch die Erinnerung an eben jene eine Aufführung, wo die Tänzer in mutwilliger Weise zum Hochzeitslied trauerten und weinten. – Da nun in jener damals wohlbekannten Kinderballade dem fröhlichen ersten Teil der traurige zweite folgt, so steht offensichtlich die bei der Erwähnung einer Hochzeit überflüssige Beifügung «während der Bräutigam bei ihnen ist» bereits unter dem Gedanken an den kommenden zweiten Teil, wo der Bräutigam nicht mehr bei ihnen sein wird.
Wohlgemerkt, mit keinem Wort erwähnt Jesus hier jenes kleine Erlebnis, nicht einmal das Kinderspiel selber. Und würden wir nicht aus unserer andern Stelle das Gleichnis von den spielenden Kindern kennen, so hätten wir keine Ahnung, was hier an Erlebnis und Erinnerung mitschwingt. Wer aber die Erinnerung an längst geheilten Kinderschmerz in gleichnishaften Worten wirken läßt – still und ohne das Erlebnis zu erwähnen –, in dessen Rede ist wohl ein Lächeln.

WEITERE VERKEHRTHEITEN

Jene Spielverderber stellten in gewaltsamem und böswilligem Unfug die Wirklichkeit auf den Kopf. Denn in Wirklichkeit kann man Hochzeitsleute nicht zum Trauern bringen. Jesus fügt hier noch zwei andere Beispiele für Verkehrtheiten hinzu (Lk 5,36–39):

Niemand schneidet ein Stück von einem neuen Kleid ab und setzt es auf ein altes Kleid; denn das neue Kleid wäre zerschnitten, und zu dem alten Kleid würde das Stück von dem neuen nicht passen. Und niemand füllt neuen Wein in alte Schläuche; sonst zerreißt der neue Wein die Schläuche und läuft aus, und die Schläuche sind unbrauchbar.

Bei der Hochzeit fasten ist so unsinnig wie ein neues Kleid zerschneiden, um ein altes zu flicken, oder wie neuen Wein in alte Schläuche füllen. Doch die in diesen beiden Bildern gezeigte Verkehrtheit ist anderer Art als jene, von der er soeben gesprochen hat; er sprach ja von der Verkehrtheit, dort zu trauern, wo Fröhlichkeit am Platz ist. Die beiden Bilder reden von der Verkehrtheit unzweckmäßigen Handelns: Das eine (neuer Flicken auf altes Kleid) zeigt unzweckmäßige Aufwendigkeit, das andere (neuer Wein in alte Schläuche) unzweckmäßige Sparsamkeit. Das sind zwei einander genau gegenüberstehende Verkehrtheiten – wie übrigens auch im Gleichnis von den spielenden Kindern die beiden verkehrten Darstellungen einander gegenüberstanden.

DAS RECHT ZUR FREUDE

Danach folgt jene abschließende Bemerkung, mit der er zur Sache zurückkehrt – zum Genießen statt Fasten (Lk 5,39): «Und niemand, der alten Wein getrunken hat, will neuen; denn er sagt: Der alte Wein ist gut.» Mit freimütiger Gelassenheit läßt Jesus gelten, daß auch er gegorenen Wein nicht verschmäht, sondern gut findet. Lächelnd läßt er den Vorwurf auf sich sitzen, er sei nicht abgeneigt, das, was in fröhlicher Gastfreundlichkeit herumgereicht wird, zu genießen, mag man ihn deshalb auch in böswilliger Verdrehtheit einen Säufer nennen!

So sagt er denn auch kurz nach dem Gleichnis von den spielenden Kindern zu dem Vorwurf «Dieser Fresser und Säufer, Freund der Zöllner und Sünder!» nur dies eine (Lk 7,35): «Und doch hat die Weisheit durch alle ihre Kinder recht bekommen.» Was etwa heißt: Die Kinder (Anhänger) der Weisheit, die sehen und verstehen schon richtig. Die sehen nämlich, daß der gehässige Tadel eine böswillige Verdrehung der Wahrheit ist, und sie verstehen, daß der Verkünder der frohesten Botschaft Anlaß hat zur Fröhlichkeit im Kreis derer, welchen er sie verkündet. Könnt ihr die Hochzeitgäste zum Fasten bringen?

Eine Posse mit des Kaisers Geld

Das heitere, freie und hochgemute Gottesverständnis Jesu war für die Damaligen etwas Unerhörtes, und es stand auch im Gegensatz zu dem, was die Schriftgelehrten in den alten Überlieferungen immer wieder bestätigt fanden.
In der Gesellschaft der Pharisäer gab es einige, die im Wirken des Nazareners vor allem eine ernsthafte Gefährdung ihres Einflusses auf das Volk sahen. Ihr Einfluß aber, meinten sie, komme geradenwegs der Ehre Gottes zugute. So begnügten sich die Eifrigsten unter ihnen nicht damit, ihn gelegentlich bei Nichtbeachtung kleiner Vorschriften zu rügen; sondern sie fühlten in sich die heilige Verpflichtung, im Dienste Gottes den gefährlichen Mann auf irgendeine Art unschädlich zu machen.

DIE FALLE

Ein von ihnen immer wieder versuchtes Verfahren, ihn zu Fall zu bringen, bestand darin: Sie stellten ihm eine geschickt gewählte Frage, die ein klares Ja oder ein klares Nein verlangte, wobei aber beides für ihn und seine Lehre gefährlich oder gar tödlich sein sollte. Obwohl aus der Falle einer solchen Fangfrage ein Entrinnen unmöglich schien, wenigstens nach ihrer Vorausberechnung, verstand er es aber doch, jeweils durch Schlauheit und Witz nicht bloß sich und seine Lehre zu retten, sondern sogar in aller Gelassenheit den Gegnern eine Niederlage beizubringen. Ein Beispiel (Mt 22,15–22):

Darauf kamen die Pharisäer zusammen und beratschlagten, wie sie ihm mit einer Frage eine Falle stellen könnten. Sie veranlaßten ihre Jünger, mit den Anhängern des Herodes zu ihm zu gehen und zu sagen: Meister, wir wissen, daß du wahrhaft bist und wirklich den Weg Gottes lehrst und auf niemand Rücksicht nimmst; denn du siehst nicht auf die Person. Sag uns nun: Was meinst du? Ist es erlaubt, dem Kaiser Steuer zu zahlen, oder nicht? Da aber Jesus ihre böse Absicht erkannte, sprach er: Ihr Heuchler, warum stellt ihr mir eine Falle? Zeigt mir die Steuermünze! Da brachten sie ihm einen Denar. Und er fragte sie: Wessen Bild und Aufschrift ist das? Sie antworteten: Des Kaisers. Da sagte er zu ihnen: So gebt dem Kaiser, was dem Kaiser gehört, und Gott, was Gott gehört! Und als sie das hörten, verwunderten sie sich, wandten sich um und gingen weg.

Ein paar Pharisäer wollen also Jesus wieder einmal in die Falle locken. Dieses Mal haben sie umfangreiche Vorbereitungen getroffen. Sie haben eine Beratung darüber abgehalten, mit welcher Frage sie ihn endlich fangen und wie sie diese Frage am geschicktesten an ihn herantragen könnten. Sie einigten sich auf die sicheren Erfolg versprechende Frage: Soll man dem Kaiser Steuern zahlen oder nicht? Der römische Kaiser wird vom jüdischen Volk nicht bloß als Herr der Besatzungsmacht gehaßt, sondern auch – zumal von den Gesetzeslehrern – wegen seines Anspruchs auf göttliche Verehrung geradezu verabscheut. Sagt also Jesus, ja, man solle ihm die Steuern zahlen, so könnte man ihn wegen Anerkennung eines anderen Gottes vor dem Hohen Rat anklagen und gleichzeitig vor dem Volk als einen lauen Neuerer hinstellen, der nicht Farbe zu bekennen wagt. Sagt er nein, so könnte man ihn als einen Feind der römischen Herrschaft, als einen Rebellen und Aufrührer beschuldigen; dies wäre sein Ende. Unmöglich, so scheint es, wird er der Falle entrinnen können. Ja oder nein muß er sagen, er hat keine andere Wahl.

Gewitzigt durch ihre bisherigen Abfuhren, haben sie ferner beschlossen, dieses Mal mit ihrer Frage nicht selber zu ihm zu gehen, nicht aus Feigheit, bewahre, sondern um ihn zu täuschen. Sie wollen einige ihrer Jünger, ihrer Lehrjungen, zu ihm schicken. Diesen wollen sie gleich auch Zeugen mitgeben; geeignet hierzu scheinen ihnen Anhänger des Herodes, des Vasallenkönigs der Römer, Leute also, die selber Hörige der römischen Besatzungsmacht sind. Die würden dann, falls die Antwort des Nazareners gegen die Steuer und gegen Rom gerichtet wäre, den römischen Stellen unverzüglich Meldung erstatten.

Außerdem geben sie ihren Jüngern ganz bestimmte Weisungen, wie sie vorgehen sollen. Der Nazarener sollte nicht merken, daß man ihn mit dieser Frage fangen will, er sollte den Eindruck haben, die jungen Leute kämen aus Lerneifer, um von ihm, wie von einem Weisen und Lehrer, über eine grundsätzliche Sache Antwort zu erhalten. Sie sollen daher den Nazarener mit Schmeichelei ködern, etwa so: Von dir pflegt man die Wahrheit unverfälscht zu hören, du nimmst mit deinem Wort auf niemand Rücksicht. Und sie könnten ruhig ein wenig frömmeln: Du lehrst den wahren Weg Gottes usw.

Sogar der genaue Wortlaut der ihm vorzulegenden Frage wird sorgfältig festgelegt. Man dürfte zum Beispiel nicht kurzerhand fragen: Sollen wir Steuer zahlen oder nicht? Denn er darf keine Gelegenheit erhalten auszuweichen, indem er etwa so antwortet: Ob ihr wollt oder nicht, ihr müßt! Sie wählen einen blassen und mehrdeutigen Ausdruck, der so klingt, als fragte er nach einer ethischen Entscheidung: Ist es erlaubt – das heißt zugleich: geht es an, tut man recht daran...

Als die Pharisäer all dies mit ihren Jüngern festgelegt, vielleicht einmal durchgeprobt haben, gehen sie mit ihnen zunächst zu den Leuten des Herodes, weihen sie in das Vorhaben ein und fordern sie auf, einige als Zeugen mitzugeben. Und dann schicken sie die kleine Gesellschaft auf den Weg. Dieses Mal sind sie zuversichtlich. Besser kann man's nicht einfädeln.

Die kleine Gesellschaft kommt zum Meister, lernbegierige junge Leute, würde man meinen. Wie angewiesen, tragen sie ihre Lobrede vor und stellen die Frage. Aber schon hier verläuft die Sache nicht nach Wunsch. Er fährt sie an: «Ihr Heuchler, warum stellt ihr mir eine Falle?» Er hat gemerkt, wer die wirklichen Fragesteller sind.

Doch die Frage ist gestellt. Auch wenn er die Falle durchschaut hat, muß er antworten. Täte er's nicht, so würde ihm dies als Mangel an Mut ausgelegt. Was kann man überhaupt auf eine Fangfrage antworten? Was pflegt Jesus in solcher Lage zu tun? Jedenfalls: er antwortet. Aber er antwortet von einer anderen Ebene aus.

Wie geschieht das in unserer Szene? Wir wollen zunächst das seiner Antwort vorangehende Vorspiel beiseite lassen, wo er nach einer Steuermünze fragt, sie anschauen läßt usw.; wir betrachten zuerst lediglich die Antwort selber. Sie ist ein Doppelwort: Gebt dem Kaiser, was dem Kaiser gehört – und gebt Gott, was Gott gehört. Der erste Teil enthält die verlangte Antwort; und diese lautet eindeutig: Ja, gebt dem Kaiser. Doch wird sie sogleich neben eine zweite Anweisung gestellt, die auf einer anderen, höheren, Ebene liegt: Und Gott, was Gott gehört. Und schon beginnen Beziehungen hin und her, vielmehr hinauf und hinunter zu spielen. Die Tätigkeit des Vergleichens, des In-Beziehung-Setzens der beiden Teile (was dem Kaiser gehört – was Gott gehört) reißt auch den Gedanken des ersten Teils hinauf auf die Ebene des zweiten. Hier oben ist das Ja, das Jesus antwortet, nicht hilflos dem zupackenden Sprung des Gegners ausgeliefert. Und zudem bietet es kein bestimmtes Ziel mehr.

Wenn nämlich nun der Zuhörer zu vergleichen und Beziehungen herzustellen beginnt zwischen dem unteren, was dem Kaiser gehört, und dem oberen, was Gott gehört, so wird er inne, daß gleichzeitig sehr vielfältige Beziehungen zwischen den beiden Dingen und somit auch viele und sehr unterschiedliche Deutungen der Antwort möglich sind, annehmbare, aber auch gänzlich ausgeschlossene. Es seien ein paar skizziert. – Eine erste: Ja, gebt dem Kaiser, was ihr ihm schuldet; wichtiger aber ist, daß ihr Gott das gebt, was ihr ihm schuldet. – Eine zweite, die eine säuberliche Trennung der beiden Reiche, des weltlichen und des geistlichen, vornimmt: Jedem das Seine; dem Kaiser das Seine, und Gott das Seine! – Eine dritte, die sogar auch die der weltlichen Herrschaft geschuldeten Pflichten heiligt: Gott zu geben, was er verlangt, sei euch heilig; heilig sei euch aber auch, dem Kaiser zu geben, was er verlangt. – Eine vierte dagegen: Ja, gebt dem Kaiser, was ihm gebührt, sofern ihm etwas gebührt, denn dies ist nicht gewiß; gewiß aber ist, daß Gott viel gebührt. – Eine fünfte ähnliche, aber zum Äußersten führende: Was gebührt Gott? Alles! Was gebührt dann dem Kaiser? Nichts!

Nun aber: Welches ist von all dem die Ansicht Jesu? Was also gebührt dem Kaiser? Welche Meinung hierüber will er seinen Fragestellern mitteilen? Wir müssen antworten: er will ihnen keine mitteilen. Ja, die Sache berührt ihn überhaupt nicht. Soziale Mißstände und Unfreiheit sind bloß Anzeichen der Krankheit, unter der die Menschheit leidet; die Krankheit selber aber sitzt in den Herzen der Menschen. Erfolgt dort Heilung, so wird das Reich Gottes da sein, und alle Übel werden von selbst beseitigt sein. Jedes andere Ziel vermeidet er, jedes andere könnte von dem einen weglenken, abseits führen.

EIN GLANZVOLLER EINFALL

Hat Jesus vieldeutig geantwortet, um *nicht* zu antworten? Freilich trifft es zu, daß eine vieldeutige Antwort keine Antwort ist. Und doch könnte die Vieldeutigkeit allein nicht aus der Falle der Fangfrage retten. Denn gerade, wer vieldeutig antwortet, gibt dem Gegenspieler die Möglichkeit, aus dem vielen das herauszupicken, was ihm am besten paßt. So würden die Pharisäer ihn hier auf den Sinn festlegen: Du sagst, ja, man müsse dem Kaiser Steuer zahlen, genau so, wie man Gott das Seine geben müsse. Daß aber die Pharisäer seiner Antwort eine derartige Deutung geben, will er verhüten. Die Vieldeutigkeit allein genügt nicht. – Jetzt ist es an der Zeit, von dem Vorspiel zu reden, das er seiner Antwort vorausgehen läßt.

Nachdem die Jünger der Pharisäer ihm die Frage vorgetragen haben, antwortet er nicht sogleich. Zunächst fährt er sie hart an. Aber auch danach schiebt er die Antwort hinaus, schafft Abstand, zeitlichen, räumlichen, gedanklichen. Und zwar so: Er wendet sich an den ganzen Kreis des zuhörenden Volkes, verlangt, man solle ihm eine Steuermünze reichen. Was ist eine Steuermünze? Es ging im Land dreierlei Währung um, einheimische, griechische, römische; die Römer verlangten, daß die von ihnen erhobene Steuer in römischen Denaren bezahlt werde. Einen Denar also sucht er – wozu? Wird er ihn als Gleichnis benützen? Er wartet. Einer bringt ihm einen Denar. Er nimmt ihn, hält ihn einem der Fragesteller vor die Augen, fragt ihn, was er darauf abgebildet und geschrieben sehe. Der sagt: das Bild des Kaisers und den Namen des Kaisers. Der Meister weist den Denar auch im Kreis der Leute herum, läßt das, was der eine gesehen und gelesen hat, bestätigen. Und nun, nun erst, zur Verblüffung aller, gibt er auf die ihm gestellte Frage seine Antwort: «Also, so gebt dem Kaiser, was dem Kaiser gehört.»

Worin besteht die Überraschung aller? Während noch seine Fragesteller und die Zuschauer darauf warten, wo er denn mit der Betrachtung der Münze hinauswolle, gibt er, in diesem Augenblick völlig unerwartet, die Antwort auf die gestellte Frage. Und jetzt, erst durch diese Antwort, zeigt es sich, daß die vorausgehende Veranstaltung mit der Münze eine kühne und groteske kleine Posse war, deren Abschluß just seine Antwort bildet. Durch dieses Vorspiel aber wird seine Antwort, die an sich schon mehrdeutig ist, von vornherein völlig töricht. Er spielt den unwissenden und weltfremden Toren. Gewiß, Geld ist für ihn und seine Jünger eine höchst belanglose Sache und eine spärliche dazu. Aber nun tut er so, als hätte er von Geld, Besitz und Steuer nicht die geringste vernünftige Vorstellung: als wäre er der naiven Meinung, der aufgeprägte Kopf samt Name bezeichne den Eigentümer der Münze, und man tue recht daran, dem hier abgebildeten und genannten Kaiser das zu geben, was ohnehin ihm gehöre.

Wenn wir uns überlegen, woher ihm der geistesgegenwärtige, aber doch sehr eigenartige Einfall und der Anstoß zu dieser Posse gekommen sein mag, so drängt sich eine Vermutung auf. Es ist wohl als nahezu sicher anzunehmen, daß die römischen Denare, die Steuermünzen, versehen mit dem Bild und Namen des Kaisers, im jüdischen Volk herum mit bitterem Spott «des Kaisers Geld» genannt wurden. So wäre denn Jesus gerade durch diese Spottbezeichnung auf den Gedanken verfallen, unter Vorweisung eines Denars in großartiger Unbekümmerheit zu erklären: Seht, dieser Denar ist des Kaisers Geld – so steht es auch darauf geschrieben. Was aber des Kaisers Geld

ist, gehört doch wohl dem Kaiser. Daher gebt dem Kaiser, was ihm eben nun mal gehört.
Was bezweckt diese Posse? Sie hat eine ganz sonderbare Wirkung. Zunächst verleiht sie im voraus seiner recht mehrdeutigen Antwort den Anschein der Eindeutigkeit – aber einer unsinnigen Eindeutigkeit: Jawohl, man gebe dem Kaiser das Geld, weil es sich durch Bild und Inschrift als sein Geld zu erkennen gibt! Seine Antwort «Ja» wird aufgehoben durch die offenkundige Tatsache, daß ihre Begründung töricht ist; denn töricht ist ja die Meinung, daß Bild und Inschrift den Besitzer der Münze bezeichnen. Das Wort «dem Kaiser, was dem Kaiser gehört», das sich uns (in Verbindung mit dem zweiten Teil «und Gott, was Gott gehört») als so vieldeutig gezeigt hat, läßt nun überhaupt keine Deutung mehr zu. Es enthält daher keinerlei Meinung des Nazareners über die der Obrigkeit geschuldeten Pflichten. Einen Sinn aber hat es zusammen mit dem umständlichen Vorspiel nunmehr als glänzender Einfall, dessen Witz darin liegt, daß Jesus in gespielter Torheit eine vollkommen weltfremde und närrische Meinung vorgibt, aus der er einen Schluß zieht, welcher, was er auch aussagen mag, eben wegen seines Zustandekommens nicht ernst zu nehmen und daher ungültig ist.
Wieviel leisteten die wenigen Worte Jesu! Wieviel die kleine Posse mit der Münze des Kaisers!

Der werfe den ersten Stein

Sagt jemand: «Wer will hier den ersten Stein werfen?», so meint er: Wer will denn hier Richter sein? Wir sind ja auch nicht viel besser! Und jeder weiß, daß die Redewendung auf ein Wort zurückgeht, mit dem Jesus seinerzeit eine Steinigung verhinderte. Auch dieses Wort ist, wie das in unserem vorhergehenden Kapitel, die schlaue und kühne Antwort auf eine verfängliche Pharisäerfrage. Die Begebenheit ist so überliefert (Joh 8,2–11):

Am Morgen begab er sich wieder zum Tempel, und alles Volk kam zu ihm, und er setzte sich und lehrte sie. Da brachten die Schriftgelehrten und Pharisäer eine Frau, die beim Ehebruch ertappt worden war, stellten sie in die Mitte und sagten zu ihm: Meister, diese Frau ist auf frischer Tat beim Ehebruch ertappt worden. Im Gesetz aber hat uns Mose vorgeschrieben, solche Frauen zu steinigen. Nun, was sagst du? Mit dieser Frage wollten sie ihn auf die Probe stellen, um einen Grund zu haben, ihn anzuklagen. Da bückte sich Jesus nieder und schrieb mit dem Finger auf die Erde. Als sie ihn aber beharrlich weiterfragten, richtete er sich auf und sagte zu ihnen: Wer von euch ohne Sünde ist, der werfe den ersten Stein auf sie! Und er bückte sich wieder und schrieb auf die Erde. Als sie seine Antwort gehört hatten, ging einer nach dem andern fort, die Ältesten voran. Und er blieb allein zurück mit der Frau, die noch in der Mitte stand. Da richtete sich Jesus auf und sagte zu ihr: Frau, wo sind sie geblieben? Hat keiner dich verurteilt? Sie antwortete: Keiner, Herr. Da sagte Jesus zu ihr: Auch ich verurteile dich nicht; geh und sündige von jetzt an nicht mehr!

ERNEUTE FALLE

Die Steinigung, von altersher durch Gesetze des Landes für gewisse Vergehen vorgeschrieben, war damals nicht mehr ungehemmt möglich. Die römische Besatzungsmacht, in deren Händen die Gerichtsbarkeit lag, verbot solche Volksjustiz. Trotzdem wurde sie noch immer gelegentlich geübt, wobei die Römer, in ihrem Bestreben, die hergebrachten Sitten der unterworfenen Völker zu schonen, jeweils die Sache, so weit es überhaupt möglich war, nicht zur Kenntnis nahmen und auf sich beruhen ließen.

Ein Volkshaufen – so stelle ich es mir vor –, der eine auf frischer Tat ertappte Ehebrecherin mitschleppt, sucht die Pharisäer und Schriftgelehrten auf, um von ihnen, den Hütern der alten Gesetze, freie Hand für das grausame Vorhaben zu erhalten. Die Pharisäer und Schriftgelehrten sind in einiger Verlegenheit: Geben sie dem Verlangen der Meute nach, so muntern sie dadurch ausdrücklich zur Mißachtung des römischen Verbotes auf; verbieten sie die Steinigung, so mißachten sie das alte Gesetz. Da hat einer von ihnen einen Einfall. Der Nazarener ist gerade in der Stadt. Wie wär's, wenn wir ihm die Entscheidung und die Verantwortung für diese Sache zuspielen würden? Wir werden ihn, wie er die Sache auch beantworten wird, entweder bei den Römern oder beim eigenen Volk anklagen können. Welche Antwort ist von ihm zu erwarten? Zwar hat er gelegentlich sehr strenge Ansichten über eheliche Treue geäußert, doch wird er ganz sicher nicht die Steinigung der Ehebrecherin befürworten. Er wird sich gegen den alten Brauch stellen, und wir werden ihn der Verletzung der heiligen Gesetze bezichtigen können.

Sie machen sich also zusammen mit der Menge und der Sünderin auf zu Jesus, der gerade im Vorhof des Tempels lehrt. Sie legen ihm die Frage vor, die sie selber lieber nicht beantworten: «Diese Frau ist beim Ehebruch ertappt worden. Mose hat uns vorgeschrieben, solche Frauen zu steinigen. Nun, was sagst du?» Also: Sollen wir steinigen oder nicht?

Wird es ihm auch dieses Mal gelingen, der Falle zu entgehen? Wiederum ist er aufgefordert, zwischen Rom und dem jüdischen Volk zu wählen, dieses Mal zwischen dem Gesetz Roms und dem Gesetz des Volkes. Dreierlei also wird die Antwort zu leisten haben: Sie wird erstens die Falle vermeiden müssen; trotzdem wird sie zweitens sich um das Ja oder das Nein nicht drücken dürfen; und drittens muß sie –

und dies ist das Dringlichste – die Steinigung verhindern. So kurz die Antwort ist, sie erfüllt alle diese Anforderungen. Wie dies aber geschieht, ist staunenswert: Jesus *bejaht* die Frage und *verhindert* die Steinigung. Seine Antwort sagt: Ja, steinigt, und gibt auch gleich die Anweisung, wer den Anfang machen soll – und sie tun es nicht.

Wodurch ist dies Erstaunliche möglich geworden? Er hat die gestellte Frage im Grunde durch eine andere ersetzt und diese beantwortet – und die liegt auf einer anderen Ebene, die Frage nämlich: Wer ist berechtigt, hier zu richten? Antwort: Berechtigt, über diese Sünderin zu richten, ist, wer selber ohne Sünde ist. Wer also ohne Sünde ist, der richte und werfe den ersten Stein! Damit soll jeder dazu gezwungen sein, vor allem anderen einen kurzen Blick auf sich selbst und in sich selbst zu tun. Eine mühsame Selbsterforschung ist nicht erforderlich. Jeder weiß, daß er gewiß nicht ohne Sünde ist.

Die kurze Antwort zeugt von geistesgegenwärtiger Schlauheit. Für die Damaligen aber war sie noch weit erstaunlicher; für sie mußte sie geradezu wie ein unerhörter Geistesblitz wirken. Denn die hier vor ihm Stehenden, deren Gedanken sich mit der beabsichtigten Steinigung beschäftigten, bemerkten zu ihrer Verblüffung, daß Jesus für seine Antwort eine bei Steinigungen übliche Gepflogenheit benützte. Zu Beginn einer Steinigung nämlich pflegte man den Augenzeugen der Tat aufzufordern, den ersten Stein zu werfen. Die Aufforderung an ihn, gesprochen von einem Anführer des Volkes, etwa vom Ältesten der Anwesenden, mag gelautet haben: «Wer von euch Augenzeuge der Sünde ist, der werfe den ersten Stein!» – Und nun geschieht hier das Unerhörte, daß Jesus zum Schein die Rolle eben dieses Anführers übernimmt und im herkömmlichen, aber leicht abgeänderten Wortlaut den Beginn der Steinigung *befiehlt!* Dieses Mal hat aber zu gelten: Den ersten Stein werfe nicht «Wer von euch Augenzeuge der Sünde ist», sondern «Wer von euch ohne Sünde ist»!

Und dieser Befehl ist zugleich seine Antwort auf die Fangfrage. Die Antwort hätte, wie wir sagten, lauten können: Nur wer ohne Sünde ist, ist berechtigt, hier zu richten – und sie wäre ein recht kluges Gutachten gewesen. Nun aber, da er nicht als Lehrmeister und Gutachter auftritt, sondern als Aufrufer zur Steinigung – welche Herausforderung ist seine Antwort jetzt! Und sein flammender Blick geht suchend unter den vor ihm Stehenden umher: Wo ist der eine, der ohne Sünde ist? Und der Blick hält die Leute im Banne: Keiner soll die Lüge wagen, sich als sündenlos auszugeben, um den ersten Stein zu werfen! Aufrufend befiehlt er die Steinigung – und verhindert sie mit demselben Befehl. Daß ihm das gewagte Spiel tatsächlich gelingt, zeugt von der Kraft seiner Ausstrahlung.

WIEDER EINE POSSE?

In der überlieferten Erzählung dieser Begebenheit wird berichtet von einer seltsamen Nebenhandlung Jesu, die seine Antwort umrahmt. Wir haben gehört: Als die Frage an ihn gestellt worden war, bückte er sich nieder und schrieb mit dem Finger auf den Boden; nach wiederholtem Drängen der Fragesteller erhob er sich, gab die Antwort; danach bückte er sich von neuem, schrieb weiter und erhob sich erst wieder, als alles Volk sich verzogen hatte und er mit der Sünderin allein zurückgeblieben war.

Was soll er auf den Boden geschrieben haben? Ein später Abschreiber des Textes, im Bestreben hierüber eine Auskunft zu geben, fügt bei: er habe auf die Erde geschrieben «die Sünden eines jeden von ihnen». Offenbar dachte jener Abschreiber, was der Meister auf die Erde schrieb, müsse mit dessen Antwort zusammenhängen. Da diese lautet: «Wer von euch ohne Sünde ist...», so habe er eben die Sünden «eines jeden» auf den Boden geschrieben. Also ein Sündenregister für einen jeden der Umstehenden?

Nein, meines Erachtens hat er nicht einmal auf den Boden geschrieben – warum sollte er auch? Was aber hat er dann getan? Wir können die Annahme wagen, er habe etwas getan, was ein Entferntstehender mit Schreiben oder Zeichnen verwechseln konnte. In jener anderen Frageszene über die kaiserliche Steuer suchte Jesus in der einleitenden Handlung nach einer

Steuermünze, nach einem Ding also, mit dem es die Frage zu tun hatte. Wollen wir ihn nun auch in unserer Szene nach etwas suchen lassen, um das es hier geht, so wäre dies – ein Stein. Und sein Suchen nach einem Stein könnte wiederum eine kleine Posse sein.

Von dieser Annahme aus können wir nun die rätselhafte Nebenhandlung zu erklären versuchen. Mehr als ein Versuch ist es nicht, wagen wir ihn. Als die Pharisäer an den Meister die Frage gerichtet haben – die Menschen stehen bereits drohend im Kreis, die Sünderin in der Mitte –, bückt er sich und sucht auf dem Boden nach einem Stein, als wollte er selber an der kommenden Steinigung mitmachen. Er beabsichtigt ja auch, die Rolle des zur Steinigung Aufrufenden zu spielen, und muß sich, wie jeder andere, mit einem Stein bewaffnen. Aber er sucht mit Vorbedacht am untauglichen Ort, nämlich da, wo sich nur im Boden festgestampfte Steine befinden. Er tut so, als versuchte er einen Stein aus dem Boden zu lösen, indem er mit dem Finger den Rändern des Steines entlangstreicht, um Erde wegzukratzen. Es gelingt ihm nicht, ihn herauszubringen, und er will auch nicht, daß es ihm gelinge. Er versucht es zum Schein auch bei anderen Steinen in der Nähe. Von den Leuten meinen einige, er schreibe oder zeichne auf den Boden.

Damals, als er eine Steuermünze suchte und sie anschauen ließ, spielte er einen törichten Belehrenden; dieses Mal, da er vorgibt, einen Stein zu suchen, spielt er den Aufrufer zur Steinigung, der sich ungeschickt anstellt und nicht imstande ist, einen Stein für seine Hand zu finden.

Mit der sozusagen komödiantenhaften Nebenhandlung sind besondere Wirkungen beabsichtigt. Soweit die Nebenhandlung Vorspiel ist, will sie die Antwort etwas hinauszögern. Denn da die Antwort von einer Ebene aus erfolgen wird, die anderswo, nämlich höher als diejenige der Frage liegt, so ist zwischen Frage und Antwort eine kleine Weile nötig, während der die Leute zwar nicht abgelenkt, aber doch zunächst auf etwas anderes hingelenkt und aus der Enge der gestellten Frage hinausgeführt werden. Es mag sogar während des gespannten Wartens die grausame Wallung der Menge bereits etwas nachgelassen haben, so daß die Leute, durch den kurzen Schlag an das Gewissen getroffen, zu verblüffter Nachdenklichkeit bereit sind.

Was aber soll die Nebenhandlung als Nachspiel, nach der gegebenen Antwort? Nach seiner Aufforderung «... der werfe den ersten Stein!» schaut er wohl noch kurz, sehr ernst rundum, und dann, indem er sich bückt und gewissermaßen hinuntertaucht, läßt er das Volk in seiner Verlegenheit stehen. Und da keiner, unter dem Eindruck seines Wortes und des Blicks, mit dem er das Wort begleitet hat, imstande ist, die Steinigung zu beginnen, verziehen sie sich, einer nach dem andern. Und so, wie er damals die Steuermünze gewissermaßen erklären ließ: ‹Ich gehöre dem Kai-

ser›, so läßt er jetzt den Stein, der sich weigert, herauszukommen, gleichsam sagen: ‹Ich will nicht auf die Frau geworfen werden›.
Die Szene ist nicht besonders gut überliefert. Sie findet sich nur in einem Teil der Handschriften und zudem im Johannesevangelium, das sonst Erzählungen dieser Art nicht bringt. Einige Handschriften verlegen die Szene an eine andere Stelle im selben Evangelium oder schalten sie bei Lukas ein. Der Bericht scheint auf einem Sonderweg in unsere Überlieferung hereingekommen zu sein. Die Abschreiber waren wohl im Unklaren, ob die Begebenheit stattgefunden habe oder nicht; denn gerade die überlieferte Nebenhandlung, er habe auf den Boden geschrieben, schien ihnen rätselhaft und mit Recht unglaubwürdig. Aber trotz aller Dürftigkeit der Überlieferung können wir gewiß sein, daß die Begebenheit tatsächlich geschehen ist. Daß sie nicht erfunden worden ist, wird nahegelegt durch den verblüffenden Geistesblitz, der deutlich auf Jesus weist, und durch eben diese Nebenhandlung, die bereits von damaligen Augenzeugen mißverstanden wurde. Wer eine glaubhafte Geschichte erfinden will, wird sie doch nicht mit einer unnötigen und rätselhaften Nebenhandlung schmükken.

Duell mit den Klingen der Ironie

Ein Schriftgelehrter stellte einmal dem Nazarener eine an sich unverfängliche Frage, und es entstand ein kurzes Gespräch zwischen den beiden. Was wir darüber lesen, erscheint uns seltsam, unglaubhaft und widersprüchlich (Mk 12,28-34):

Ein Schriftgelehrter hatte dem Streit zugehört; und da er bemerkt hatte, wie treffend Jesus antwortete, ging er zu ihm hin und fragte ihn: Welches Gebot ist das erste von allen? Jesus antwortete: Das erste ist: Höre, Israel, der Herr, unser Gott, ist der einzige Herr. Darum sollst du den Herrn, deinen Gott, lieben mit ganzem Herzen und ganzer Seele, mit all deinen Gedanken und all deiner Kraft. Als zweites kommt hinzu: Du sollst deinen Nächsten lieben wie dich selbst. Kein anderes Gebot ist größer als diese beiden. Da sagte der Schriftgelehrte zu ihm: Sehr gut, Meister! Ganz richtig hast du gesagt: Er ist der Einzige, und es gibt keinen anderen außer ihm, und ihn mit ganzem Herzen, ganzem Verstand und ganzer Kraft zu lieben und den Nächsten zu lieben wie sich selbst, ist weit mehr als alle Brandopfer und anderen Opfer. Jesus sah, daß er verständig geantwortet hatte, und sagte zu ihm: Du bist nicht fern vom Reich Gottes. Und keiner wagte mehr, Jesus eine Frage zu stellen.

Da lesen wir also, der Schriftgelehrte, beeindruckt von der Klugheit und Schlagfertigkeit des Nazareners, stelle die Frage nach dem obersten Gebot, weil er von ihm zu lernen begehrt, und er sei dann von der Antwort so begeistert, daß er sie ausführlich nachspricht, sie sogar erweitert durch einen Gedanken, der ebenfalls ganz im Sinne Jesu ist. Endlich ein Schriftgelehrter, der für die Sache des Meisters gewonnen ist! So meint man. Jesus lobt ihn ja auch: «Du bist nicht fern vom Reich Gottes.» Dann aber, völlig überraschend und zum Bericht gar nicht mehr passend, folgt die Bemerkung: «Und keiner wagte es mehr, Jesus eine Frage zu stellen.»

Ist das Gespräch wohl doch nicht so friedlich und freundlich verlaufen, wie wir es verstanden haben? Weckt die Schlußbemerkung nicht den Verdacht, der Schriftgelehrte habe nicht aus Bewunderung, sondern in feindlicher Absicht gefragt, und er habe schließlich eine Abfuhr erhalten? Wenn wir die beiden anderen Berichterstatter der Szene, die Evangelisten Matthäus und Lukas, befragen, so bestätigt sich unser Verdacht. Beide sagen, der Schriftgelehrte habe Jesus mit seiner Frage auf die Probe stellen wollen und dabei gehofft, jener werde sich mit seiner Antwort eine Blöße geben. Beide aber erzählen das Gespräch verschieden, beide auch abweichend von Markus. Vergleichen wir.

Matthäus (22,34-40):

Als die Pharisäer hörten, daß Jesus die Sadduzäer zum Schweigen gebracht hatte, kamen sie bei ihm zusammen. Einer von ihnen, ein Gesetzeslehrer, wollte ihn auf die Probe stellen und fragte ihn: Meister, welches Gebot ist das wichtigste? Er antwortete ihm: Du sollst den Herrn, deinen Gott, lieben mit ganzem Herzen, mit ganzer Seele und mit all deinen Gedanken. Das ist das wichtigste und erste Gebot. Das zweite ist ihm gleich: Du sollst deinen Nächsten lieben wie dich selbst. An diesen beiden Geboten hängt das ganze Gesetz und die Propheten.

Lukas (10,25-28):

Da stand ein Gesetzeslehrer auf, und um Jesus auf die Probe zu stellen, fragte er ihn: Meister, was muß ich tun, um das ewige Leben zu gewinnen? Jesus sagte zu ihm: Was steht im Gesetz? Was liest du dort? Er antwortete: Du sollst den Herrn, deinen Gott, lieben mit ganzem Herzen und ganzer Seele, mit all deiner Kraft und all deinen Gedanken, und: Deinen Nächsten sollst du lieben wie dich selbst. Jesus sagte zu ihm: Du hast richtig geantwortet. Handle danach, und du wirst leben.

Es ist anzunehmen, daß beide Evangelisten in ihrer Quelle das Gespräch in der Gestalt vorfanden, wie wir es bei Markus gelesen haben. Beiden aber schien es überflüssig, in ihrem Bericht den Schriftgelehrten die Antwort Jesu so ausführlich nachsprechen zu lassen. Sie sahen in dieser Wiederholung bloßen Leerlauf und vermieden sie, jeder aber auf andere Weise. Matthäus bringt lediglich die Frage des Schriftgelehrten und die Antwort Jesu, nichts weiter: Der Meister hat eine Antwort gegeben, die unanfechtbar ist; die Frage des Schriftgelehrten hat ihren Zweck nicht erreicht. Lukas dagegen will auf den rührend-schönen Schluß nicht verzichten, wie Jesus nämlich den Schriftgelehrten lobt und ihm ewiges Leben in Aussicht stellt. Er nimmt deshalb in seiner Darstellung sozusagen einen Schrittwechsel vor: Er läßt den Meister dieselbe Frage zurückfragen: «Wie liest *du?*» Welches ist nach *deiner* Meinung das oberste Gesetz? Worauf der Schriftgelehrte seine eigene Frage, mit der er doch Jesus auf die Probe stellen wollte, selber beantwortet, und zwar in schönster Weise...

Aber die Wiederholung, die beide umgehen, ist nicht zu entbehren. Sie enthält sogar außerordentlich Aufschlußreiches. Wir werden daher bei der Nachzeichnung des Gesprächs im ganzen dem Evangelisten Markus folgen, von den beiden andern aber (Mt und Lk) das eine oder andere in unserer Darstellung berücksichtigen. Markus sah allerdings jenen Schriftgelehrten nicht als einen Gegner, sondern als einen Bewunderer Jesu. Den beiden anderen, Matthäus und Lukas, ist zwar dieser Irrtum nicht unterlaufen, aber aufgrund eines anderen Irrtums haben sie das Gespräch beschnitten und dadurch völlig verändert. Keiner der drei Berichterstatter kann Augenzeuge gewesen sein; ihnen muß ein Bericht vorgelegen haben, der dem des Markus am ähnlichsten, aber frei von dessen Irrtum war.

ES GEHT UM DEN KERN

Gerade hat Jesus mit einigen Sadduzäern ein Streitgespräch gehabt (Mt), und er hat ihnen dabei, wie Luther in seiner würzigen Art übersetzt, «fein das Maul gestopft». (Die Sadduzäer, eine politische Partei der Vornehmen, stellten den großen Teil der Priesterschaft; ihre Haltung wurde von den leidenschaftlich gesetzesstrengen Pharisäern als zu lau abgelehnt und bekämpft.) – Nun waren aber auch einige Pharisäer zugegen (Mt). Und einer von ihnen, ein Gesetzeslehrer, verspürt seinerseits Lust, mit dem Nazarener die Klingen zu kreuzen. Er hofft mehr Erfolg zu haben als soeben die Sadduzäer.

Dieser Gesetzeslehrer will es einmal anders versuchen. Er legt Jesus keine Fangfrage vor; man hatte ja damit keine guten Erfahrungen gemacht. Diesmal sollte es eine Frage sein, bei der der Fragesteller keinerlei Wagnis einging. Er tritt vor ihn hin, und im Ton eines Beflissenen und Lernbegierigen fragt er, welches das wichtigste Gebot sei. Dabei meint er wohl nicht, Jesus solle von den bestehenden Geboten das wichtigste nennen; vielmehr solle er seine Lehre in einem einzigen Grundsatz zusammenfassen. Er fragt ihn nach dem Kern der Lehre.

Bedenkenlos kann er diese Frage stellen. Sie muß ja dem Nazarener willkommen sein; sie gibt ihm Gelegenheit, sein Anliegen vor dieser Zuhörerschaft – und es sind erlauchte Gelehrte zugegen – in Kürze darzustellen, und er wird diesmal keinen Grund haben, seine gefürchtete Geistesgegenwart einzusetzen. Immerhin ist es ratsam, seine Wachsamkeit einzuschläfern. Mit scheinheiliger Beflissenheit gibt daher der Schriftgelehrte vor, er frage nicht so sehr aus theologischem Interesse, sondern vor allem zu seinem eigenen Seelenheil: «Was muß ich tun, um das ewige Leben zu gewinnen?» (Lk). Er hofft auf eine Antwort, mit der sich der Nazarener zum Überlieferten in Gegensatz stellt; dann hätte man Gelegenheit, ihn als Zerstörer der wahren Ordnung anzugreifen. Bietet er aber keinen Angriffspunkt, so hat man sich wenigstens nicht bloßgestellt.

Jesus soll also das wichtigste Gebot seiner Lehre nennen. Er nennt zwei Gebote, die aber eins seien. Beide gehen auf Mose zurück. Ausführlich zitiert er (5 Mose 6,4–5): «Höre, Israel, der Herr, unser Gott, ist der einzige Herr. Darum sollst du den Herrn, deinen Gott, lieben mit ganzem Herzen und ganzer Seele und all deiner Kraft.» Und er bemerkt dazu (Mt): «Das ist das wichtigste und erste Gebot; das zweite ist ihm gleich.» Dieses zweite lautet (3 Mose 19,18): «Du sollst deinen Nächsten lieben wie dich selbst.»

Sind wir nicht beinahe ein wenig enttäuscht? Er, der Neuerer, nennt zwei ganz alte Gebote, die schon für Mose und alle Propheten die Grundlage gewesen sind; er sagt (Mt): «An diesen beiden Geboten hängt das ganze Gesetz und die Propheten.» Bringt er nichts Neues? Will er sich gar um eine eigene Antwort drücken? Will er, den Frager durchschauend, vorsichtig sein, sich keine Blöße geben? Denn dem Mose wird der Schriftgelehrte nicht widersprechen können. Nein, er antwortet in vollem Ernst, in wahrster Überzeugung. Jedem hätte er in dieser Art geantwortet. Wird er nach dem Kern der Lehre befragt, pflegt er Altbekanntes zu nennen. Wir haben das auch in der Szene festgestellt (Mk 10,17), wo der reiche junge Mann ihn fragte: «Was muß ich tun, um das ewige Leben zu gewinnen?» Denn so versteht er seine Sendung: Er ist nicht da, um aufzulösen, sondern um zu erfüllen (Mt 5,17).

Die beiden Gebote, mit denen Jesus auf die Frage des Schriftgelehrten antwortet, stehen bei Mose an ganz verschiedenen Stellen, weit auseinander. Jesus vereinigt sie in eines. Nicht etwa, weil ihm die Wahl zwischen diesen beiden schwerfällt. Nein, die beiden Gebote sind für ihn tatsächlich ein und dasselbe. Das eine ohne das andere ist undenkbar. Wer den Nächsten nicht liebt, aber behauptet, Gott zu lieben, dessen Gottesliebe ist Frömmelei. – Gilt aber auch das Umgekehrte? Muß, wer den Nächsten liebt, notwendigerweise auch Gott lieben? Ist Nächstenliebe ohne Gottesliebe ebenfalls nichts? Eine Antwort darauf stelle ich mir etwa so vor: So rätselhaft das Wesen Gottes ist, so umschließt es doch auch jene hohen Werte wie Wahrheit und Gerechtigkeit, die uns nicht ganz fremd sind, die man sogar lieben und suchen kann und ohne die allerdings Nächstenliebe nicht möglich ist. Gott, wie ihn Jesus sieht, ist großzügig. Er ist wohl zufrieden, wenn die Menschen ihn wenigstens in dem ihnen faßbaren Teil seines Wesens lieben. Ja, es ist, als spräche er: Wenn ihr eure Mitmenschen wirklich liebt, so tut ihr mir Genüge. Seiner Großzügigkeit ist es zuzuschreiben, daß die beiden Gebote ein und dasselbe sind.

Die damals allgemein geltende Auffassung von den beiden Liebesgeboten, hier vertreten durch jenen Schriftgelehrten, weicht weit ab von der Lehre Jesu – wie unendlich weit, wird gleich mit aller Deutlichkeit die Antwort des Schriftgelehrten zeigen.

NACHÄFFENDER BEIFALL

Die beiden Gebote, die der Nazarener da in eines vereinigt, sind nicht das, was sich der Schriftgelehrte als Antwort auf seine Frage gewünscht hat. Denn als Mosegebote dulden sie keinen Einwand. Aber der Schriftgelehrte, von Streitlust erfüllt, findet in bemerkenswerter Geistesgegenwart eine schlaue, ja raffinierte Entgegnung. Er greift zur Waffe boshaftester Ironie. Und das Gespräch, trotz Lächeln, trotz Freundlichkeit, verläuft keineswegs so friedlich, wie die gesprochenen Worte, für sich genommen, glauben machen könnten – ganz im Gegenteil.

Nimmt man das, was der Schriftgelehrte nun sagt, im wörtlichen Wortlaut, so wiederholt er ja die von Jesus genannten Gebote; beifällig und bestätigend spricht er sie nach, erweitert sie sogar, wie gesagt, ganz im Sinne des Meisters. Aber in dem gespielten Beifall ist in Wirklichkeit höchste Gehässigkeit, gefährlichster Angriff. Wollen wir den Tonfall vernehmbar machen, so müssen wir die leicht veränderte Form beachten, in der er die von Jesus genannten Gebote nachspricht. Nicht als ob die leichten Veränderungen den Sinn verfälschten, sie unterstreichen ihn noch. Aber sie sind genau berechnet.

Er beginnt im Ton des schmeichelnden Beifalls: «Sehr gut, Meister! Ganz richtig hast du gesagt: Er ist der Einzige, und es gibt keinen anderen außer ihm.» Schon hier eine kleine Veränderung, welche, ohne dem Sinn Abbruch zu tun, eine andere und ganz besondere Betonung setzt. Jesus sagte, Mose genau zitierend: «Der Herr, unser Gott, ist der einzige Herr» – und dies ist vor allem umfassende Nennung dessen, dem unsere Liebe gelten soll. Der Schriftgelehrte ändert leicht ab, ergänzt, in der Absicht, harten Nachdruck auf die Einzigkeit Gottes zu legen; doppelt betont er sie, und es ist, als spräche er ein «wohlgemerkt» dazwischen. «Er ist der Einzige, und (wohlgemerkt) es gibt keinen außer ihm.» Dadurch ist ein neuer Tonfall darin: neben den des gespielten Beifalls ist der einer gefährlichen Drohung getreten. Diese Drohung tut zwar zunächst so, als richte sie sich in heiligem Eifer gegen einen jeden, dem es einfällt, neben den einen Gott einen zweiten zu stellen, sie zielt aber geradenwegs auf den Nazarener. Sie klingt etwa so: ‹Trefflich sprichst du, es sei nur einer und keiner außer ihm. Nicht wahr, wer einen anderen neben den einen setzt, der frevelt! Und was tust du? Du gebärdest dich so, als wärst du ein zweiter Gott – wenigstens sehen dich deine Anhänger für einen solchen an, und du läßt sie gewähren! Wer das aber tut, lästert Gott!›

Und nun folgt in dieser Rede des Schriftgelehrten wiederum eine andere Tonart, eine noch weit boshaftere. An die Stelle der drohenden Ironie tritt frömmelnde Ironie. Beileibe nicht jene ehrwürdigen Gebote will er lächerlich machen, sondern den Feind, den Nazarener, indem er in singendem Tonfall andeutet, daß jene alten Gebote im Mund des Widersachers nichts seien als widerliche Scheinheiligkeit. Achten wir wiederum auf die Veränderungen, die er vornimmt. Dem Text des Mose folgend hat Jesus gesagt: «Darum sollst du den Herrn, deinen Gott, lieben mit ganzem Herzen usw.» Der Schriftgelehrte aber zielt schon vom Satzanfang an auf die beabsichtigte Erweiterung des Gedankens. Er sagt: «Und ihn mit ganzem Herzen usw. zu lieben und den Nächsten zu lieben wie sich selbst, ist weit mehr als alle Brandopfer und anderen Opfer.»

Wozu diese Erweiterung über das hinaus, was Jesus mit seinem Mosezitat gesagt hat? Daß Liebe zu Gott mehr ist als alle Darbringung von Opfern und alle Bußübungen, das ist nicht bloß eine Überzeugung des

Meisters, sondern auch manches alten Propheten (z.B. Hosea 6,6). Aber es ist nicht die Überzeugung der Pharisäer. Für sie, die ihre Lebensaufgabe darin sehen, die Einhaltung der Gebote zu überwachen, ist jedes Liebesgebot von vornherein heikel, weil ungreifbar. Denn Liebe, als ein Gefühl im Herzen der Menschen, ist nicht überprüfbar. Erst wenn es gelingt, ein Liebesgebot in Vorschriften zu fassen, kann man es überwachen, indem man die Befolgung der Vorschriften überwacht – so denken sie. Beim Gebot der Liebe zu Gott glauben sie allerdings Möglichkeiten der Überwachung zu besitzen: Wer Gott liebt, verehrt ihn; wer ihn verehrt, dient ihm, bringt ihm Opfer dar. Dienst- und Opferleistungen können bis ins einzelne geordnet werden; ihre Befolgung ist überprüfbar. Nicht überprüfbar und daher für die Überwacher ohne Belang ist allerdings, mit welcher Gesinnung sie befolgt werden. Für Jesus dagegen ist nur eines wesentlich: die wirkliche und echte Liebe im Herzen der Menschen. Was also für ihn wesentlich ist, ist für die Pharisäer bedeutungslos, weil unüberprüfbar.

Den Pharisäern aufs höchste verdächtig muß daher einer sein, der die Auffassung vertritt, auf die Darbringung von Opfern und die Einhaltung von äußeren Vorschriften komme es nicht an, sondern ausschließlich auf die Liebe. Wer solches behauptet, so meinen sie, wolle sich bloß um Mühe und Kosten drücken. Und gerade darauf zielt unser Schriftgelehrter ab, indem er die Worte des Meisters nachspricht und sie einmünden läßt in eben den Gedanken, der einem Pharisäer so verdächtig ist: Liebe sei mehr als Opfer. Seine Worte tönen etwa so: ‹Jaja, Gott lieben aus ganzem Herzen usw. und den Nächsten lieben wie sich selbst, nicht wahr, das ist, wie du ja zu sagen pflegst, mehr als alle Opfer. Und vor allem ist es billiger; die Liebe aber, auch die aus ganzem Herzen usw., kostet nichts. Vorteilhaft hast du dir das ausgedacht. Und wie ist das übrigens mit der Liebe zu Gott? Wird sie nicht erst durch Opfer und festgelegte Leistungen bewiesen? Dir aber liegt nicht daran, deine Liebe zu Gott zu beweisen. Sie ist also nichts als Heuchelei!› – Schimpflichstes unterschiebt er dem Meister; heiligstes Anliegen verhöhnt er, es in niedrigste Heuchelei verdrehend.

Viele Wirkungen auf einmal bringt dieser Schriftgelehrte mit dem Tonfall seiner Stimme hervor. Durchgehend hörbar ist ironischer Beifall, gespielte Schmeichelei. Hinzu tritt, rasch anschwellend, Drohung; diese aber wird sogleich ausgewechselt gegen frömmelnde Verhöhnung. Denn drei Rollen spielt er: die des begeisterten Lernbegierigen, dazu die eigene, die des verurteilenden und drohenden Pharisäers, und schließlich in nachäffendem Klang gar die Rolle des Meisters in gehässiger Verzerrung.

Wie kann sich Jesus gegen diesen Angriff wehren, dessen Gehässigkeiten – die gespielte Schmeichelei, die Drohung, die frömmelnde Nachäffung – lediglich aus dem Tonfall hörbar sind, während der Wortlaut selber als begeisterte Bestätigung seiner eigenen tiefsten Überzeugung erscheint?
Jesus versteht es nicht nur, die Drohung und die Verhöhnung abzuwehren, es gelingt ihm sogar, den Gegner zu schlagen, und dies mit dem allergeringsten Aufwand, in aller Gelassenheit, in Freundlichkeit – aber ebenfalls mit dem Mittel der Ironie. Er tut nichts weiter als dies: Er nimmt die Worte des Schriftgelehrten, die ja die seinen bestätigen, in ihrem wörtlichen Wert, wie wenn sie ehrlich gesprochen wären, wie wenn der Schriftgelehrte gerade durch kluge und richtige Erweiterung der Gedanken die schönste Gesinnung bewiesen hätte, wie wenn aus dem Ton nicht Nachäffung, sondern wahre Begeisterung hörbar gewesen wäre. In ganz naiver Weise geht er auf das Spiel ein. Er spendet dem Schriftgelehrten hohes Lob, wie ein zufriedener Lehrmeister einem gelehrigen Schüler, den jener ja spielt. Und welch ein Lob ist es! «Du bist nicht fern vom Reich Gottes!»
So würde er freudig jedem antworten, der sich zu diesen für seine Lehre höchsten Geboten ehrlich und überzeugt bekennt. Allerdings, wer sich zu den Liebesgeboten bekennt, und wenn er es noch so über-

zeugt und ehrlich meint, dem fehlt doch noch etwas, nämlich die Kleinigkeit, daß er's nicht beim Bekenntnis bewenden läßt, sondern daß er dieses dauernd in die Tat umsetzt. Und erst wer diese Kleinigkeit, diese gewaltige Kleinigkeit, erfüllt, der ist des Gottesreichs würdig. Leichte Ironie hat also der lobende Satz schon dann, wenn er zu einem ehrlich Bekennenden gesprochen wird. Wie vernichtend ist die Ironie aber, wenn dieser Satz sich an einen Schriftgelehrten richtet, der dem Liebesgebot so völlig verständnislos begegnet! Ja gewiß, du bist nicht fern – aber welcher Abgrund ist dazwischen!

Der Schriftgelehrte hat, wie gesagt, die alten ehrwürdigen Gebotsworte nicht nachgesprochen, um sich zu ihnen zu bekennen, sondern um die Lehre des verhaßten Gegners nachäffend zu verhöhnen. Als ihm nun der Meister darauf mit sehr freundlichem Tonfall gar das Himmelreich in Aussicht stellte – denn dies tut der Wortlaut –, da ging Gelächter durch die Reihen der Zuhörer; denn es waren auch Anhänger des Meisters zugegen. «Und keiner wagte es mehr, Jesus eine Frage zu stellen», heißt es.

Die anwesenden Pharisäer sind vor den Kopf geschlagen. Betroffen sehen sie einander an. Ihre wutvollen Blicke sagen: ‹Habt ihr das gehört? Zu einem der Unsrigen wagt er zu sagen: Du bist nicht fern vom Reich Gottes! Er nimmt sich heraus, zu einem von uns so zu reden, als wäre dieser der getreueste Anhänger seiner verruchten Lehre! Und gleichzeitig wagt er es, durch seine Ironie genau das Gegenteil seiner lobenden Bemerkung anzudeuten und höhnend zu behaupten, wie weit entfernt von Gott dieser unser Mann sei – mit dem er zugleich uns alle meint!›

NACHSPIEL

Das Gespräch könnte zu Ende sein. Aber der Schriftgelehrte will sich nicht geschlagen geben. Er will «sich rechtfertigen», und dies bedeutet: er will doch noch recht bekommen, er will noch retten, was zu retten ist (Lk 10,29): «Der aber wollte sich rechtfertigen und sagte zu Jesus: Und wer ist mein Nächster?»

Gerade die Frage also stellt er, mit der seinesgleichen das Gebot der Nächstenliebe abzutun pflegen. Auf den ihm geläufigen Gedankengang will er den Nazarener locken: man könne ja jederzeit sagen, ein anderer sei einem näher, und somit sei völlig unbestimmt, wer denn mit dieser Nächstenliebe geliebt werden solle. «Wer ist mein Nächster?» fragt er lauernd. Welche Antwort des Meisters erwarten wir? Ungefähr die: Der Nächste ist jeder Mitmensch, mit dem ich in irgendeiner Weise in Berührung komme. Eine Antwort dieser Art erwartet auch der Schriftgelehrte, und er hofft, er könne von da in die bequeme Gedankenfolge hinüberleiten, die beweisen würde, daß «der Nächste» ein sehr unbestimmter Begriff ist.

Jesus, solchen Fortgang ahnend, antwortet ganz anders, überraschend – nochmals mit einem Kunststück. Wenn zwar jeder Mensch, der uns begegnet, unser Nächster ist, so soll wohl doch unsere Nächstenliebe in allererster Linie dem zugute kommen, der ihrer am dringendsten bedarf, dem also, der unsere Hilfe braucht. Doch der Meister nennt auf die Frage nach dem Nächsten nicht ihn, den Hilfsbedürftigen. Er antwortet vielmehr von der anderen Seite aus, aus der Sicht des Hilfsbedürftigen: Wer ist *diesem* der Nächste?

Und er erzählt die Beispielgeschichte von jenem Mann, der unter die Räuber fiel und von ihnen niedergeschlagen wurde. Da gehen an dem übel Zugerichteten nicht verwilderte Landstreicher vorbei, ohne sich um ihn zu kümmern, sondern ein Priester und ein Levit, Diener des Heiligtums, die Repräsentanten des Opferkultes also, den die Gesetzesvertreter für so entscheidend halten. In ihrer Gestalt wandern all jene an dem Todwunden vorbei, die fragen: Wer ist mein Nächster? Dann aber kommt einer daher, ein einfacher Mann und ausgerechnet einer aus dem Land Samaria. Die Samaritaner galten den Juden gewissermaßen als gottlos, da sie einem unreinen Kult anhingen. Und dieser Ketzer neigt sich, seinem Herzen folgend, über den Hilflosen. Er rettet ihn. Der Zerschundene erfährt an seinem Leib, wer von denen, die des Weges gekommen sind, ihm der Nächste ist.

Indem Jesus den Hilfsbedürftigen in die Mitte dieser Beispielsgeschichte stellt, welche spannungsvoll danach fragt, wer denn für diesen armen Menschen «der Nächste» sein wird, kann er dem Schriftgelehrten zeigen: Nicht wer sich hier vorbeidrückt mit deiner spitzfindigen Frage: Wer ist mein Nächster?, sondern wer ohne Umstände hilfreich Hand anlegt, der erfüllt das oberste Gebot, von welchem unser Gespräch handelte.

«Du bist nicht fern vom Reich Gottes», hat Jesus am Schluß des Gesprächs mit feiner, aber scharfer Ironie zum Schriftgelehrten gesagt. Jetzt, nach dieser Beispielserzählung könnte er beifügen: Ist der Samaritaner – und mag die bei ihm zuhause geübte Art der Gottesverehrung noch so abwegig sein – dem Reich Gottes nicht um vieles näher?

Just was hinausgeht, bleibt drinnen

Paradox ist eine Aussage, die in sich widersprüchlich, ihrem Wortlaut nach sogar unsinnig ist – und dabei trotzdem einen Sinn hat, einen überraschenden wohl, aber vernünftigen. Also: Sinn im Unsinn. Solche Aussagen gehören zu den kühnsten und spitzigsten Erzeugnissen des menschlichen Witzes. Daß in den Worten Jesu paradoxe Aussprüche nicht fehlen, überrascht uns nicht. Wir erwarten sogar, daß sie bei ihm ganz besondere Verwegenheit aufweisen. Wir bringen zwei Beispiele, eines in diesem und eines im nächsten Kapitel.

Eines Tages bemerkten Pharisäer, wie einige Jünger des Nazareners aßen, ohne vorher die Hände gewaschen zu haben. Diese willkommene Beobachtung verschaffte ihnen Gelegenheit, nicht bloß wieder einmal einen Verstoß gegen eine Vorschrift zu rügen, sondern zugleich anzudeuten, was für unreinliche Menschen ihr Gegner um sich habe. Sie sagten (Mt 15,2): «Warum mißachten deine Jünger die Überlieferung der Alten? Denn sie waschen sich nicht die Hände vor dem Essen.»

Der Meister antwortet, wie gewohnt, mit einem Gegenangriff: Ihnen, den Pharisäern, seien solche kleinlichen von Menschen gemachten Vorschriften wichtiger als das von Gott gegebene große Gebot. «Warum mißachtet denn ihr Gottes Gebot um eurer Überlieferung willen?» Und als Beispiel hierfür wirft er ihnen vor, wie sie einen einfachen Menschen, der seinen alten Eltern Geld zukommen lassen wollte, dazu veranlaßten, dieses Geld doch lieber als Opfergabe für den Tempel zu spenden, und ihn so hinderten, das Gebot «Ehre Vater und Mutter» zu erfüllen.

PARADOXES WORT ALS SCHARFE ENTGEGNUNG

Nach dieser leidenschaftlichen Auslassung, bei der auch das Wort «ihr Heuchler» nicht fehlt, ruft er das Volk herbei. Vor aller Ohren will er antworten auf ihre Rüge, die Jünger hätten mit ungewaschenen Händen gegessen. Wir lesen (Mt 15,10–11):
Und er rief das Volk herbei und sprach zu ihnen: Hört und begreift! Nicht was in den Mund hineinkommt, verunreinigt den Menschen, sondern was aus dem Mund herauskommt, das verunreinigt den Menschen.
Als er diesen Satz gesprochen hat, entsteht, ohne daß er dies zunächst bemerkt, ein kleiner Aufruhr. Die Pharisäer greifen sich an die Stirn, äußern, welchen Unsinn sie da vernommen hätten. Tatsächlich, was sie gehört haben, ist, dem Wortlaut nach, mehr als sonderbar. Gewiß, die eine seiner beiden Aussagen ist

durchaus verständlich: Was von außen durch den Mund hereinkommt, verunreinigt den Menschen nicht; das bißchen Dreck, das von ungewaschenen Händen ins Innere hineingerät, ist belanglos. Neben diese harmlose Sache stellt er aber die Gegensache, und die ist nicht harmlos und dazu äußerst widersprüchlich. Etwas anderes, so sagt er nämlich, richtet im Menschen Verunreinigung an: was durch seinen Mund hinausgeht. Im Innern des Menschen verunreinigt nicht das, was durch den Mund hereinkommt, sondern gerade das, was aus dem Innern durch den Mund hinausgeht! Nein doch: Was ich aus einem Raum hinausbefördere, kann doch unmöglich im Raum drin bleiben und dort Verunreinigung anrichten. Dies aber behauptet der Wortlaut des eigenartigen Satzes. Kein Wunder, daß die Pharisäer empört sind und höhnen.

Wie kommt Jesus zu einer derart widersinnigen Behauptung? Weil seine Antwort schärfste Entgegnung sein will; und schärfste Entgegnung ist die Behauptung des genauen Gegenteils. Ihr sagt, was ungewaschene Hände an Unreinem in den Mund führen, verunreinige den Menschen in seinem Innern – ich aber sage: Das Gegenteil gilt! Nicht Dreck, der hereinkommt, verunreinigt ihn, sondern – nun eben das Gegenteil – der Dreck, der hinausgeht!

Wir werden nicht sagen, Jesus sei nun eine Ungeschicklichkeit unterlaufen, er habe sich da, wie dies jedem geschehen kann, im Zorn ein wenig verhed-

dert. Nein, vielmehr hat er freudig die sich bietende Gelegenheit wahrgenommen, den Gedanken in widersprüchliche, ja widersinnige, eben paradoxe Gestalt zu prägen. Zu dem Zorn, der während der ganzen Szene in seinen Augen blitzt, gesellt sich jetzt, als er die Kühnheit ausspricht, das Blitzen des Spaßes. Da ist Zorn und Witz beieinander. Da aber Zorn die Worte nicht abwägt, ist Widersprüchliches, Ungereimtes, Widersinniges dem Ausdruck des Zornes geradezu angemessen. Wer von den Zuschauern auf der Seite des Meisters steht, freut sich an der kühnen Unbekümmertheit; wer ihm nicht gewogen ist, murrt mit den Pharisäern über die Ungereimtheit des Wortes.
Mit dem höhnischen Murren der Pharisäer erfährt seine Rede eine Unterbrechung (Mt 15,12–14):
Da kamen die Jünger zu ihm und sagten: Weißt du, daß die Pharisäer über deine Worte empört sind? Er antwortete ihnen: Jede Pflanze, die nicht mein himmlischer Vater gepflanzt hat, wird ausgerissen werden. Laßt sie, es sind blinde Blindenführer. Und wenn ein Blinder einen Blinden führt, werden beide in eine Grube fallen.
Als die Jünger ihn auf die unwillige Bewegung in der Gruppe der Pharisäer aufmerksam machen, da läßt er seinem Zorn freien Lauf: Pflanzen seien sie, nicht von Gott gepflanzt, ausgejätet würden sie dereinst: blinde Blindenführer seien sie – Blinde: solche, die die Wahrheit nicht sehen oder nicht sehen wollen: also Dummköpfe, von denen sich nur Dummköpfe leiten lassen –, so daß diese mit jenen in eine Grube fallen!

Da tritt Petrus, der gelegentlich im Namen der Jünger spricht, zu ihm. Er möchte zur Sache eine nähere Erklärung haben (Mt 15,15): «Da sagte Petrus zu ihm: Erkläre uns das Gleichnis!»
Wir wundern uns wohl, daß Petrus die Behauptung des Meisters über das, was durch den Mund hinein- und herausgeht, als Gleichnis bezeichnet – ist sie denn eines? Es ist Gleichnishaftes darin: Durch den Mund hinein geht zwar wirklicher Dreck; durch den Mund heraus aber kommt ein anderer Dreck – denn hier heißt Dreck in gleichnishafter Weise soviel wie: böse Worte. Und daß etwas aus einem Innern Hinausbefördertes gerade durch das Hinausbefördern eben dieses Innere beschmutzen soll – dieser Vorgang spottet so sehr unserer Vorstellung, daß er nur in einem übertragenen Sinn richtig sein kann; die Behauptung des Wortlauts, ähnlich einem kühnen Gleichnis, hinkt, hat nur «gewissermaßen» Gültigkeit. Worte, die vorstellungsmäßig nicht stimmen, könnten ärgerlich sein; sie sind aber nicht ärgerlich, sondern erfreulich oder lustig, wenn sie, trotzdem, einen richtigen Gedanken unmißverständlich ausdrücken.
Der Meister ist etwas enttäuscht, daß nicht einmal seine eigenen Jünger sein kühnes Wort verstehen. Ein wenig unwillig umschreibt er sein eigenartiges Wort (Mt 15,16–20):
Seid auch ihr noch unverständig? Begreift ihr nicht, daß

alles, was in den Mund hineinkommt, in den Bauch gelangt und dann wieder ausgeschieden wird? Was aber aus dem Mund herauskommt, das kommt aus dem Herzen, und das verunreinigt den Menschen. Denn aus dem Herzen kommen böse Gedanken, Mord, Ehebruch, Unzucht, Diebstahl, falsches Zeugnis, Lästerung. Das ist es, was den Menschen verunreinigt; aber essen mit ungewaschenen Händen verunreinigt ihn nicht.

Der erste Vorgang, der physiologische, der an sich gut vorstellbar ist, wird da mit schönster Anschaulichkeit erläutert: Was an Unreinem durch den Mund eingeht, durchwandert den Leib und wird danach ausgeschieden. Der andere Vorgang dagegen, der psychologische, der gleichnishaft und widersprüchlich hingestellte, hätte der deutlichen Erklärung bedurft. Der Meister gibt sich aber nicht die Mühe, die Aussage vom Widersinnigen zu befreien. Was Petrus von ihm verlangt, erfüllt er nicht ganz. Seine Erklärung umschreibt etwas ausführlicher, was der Zuhörer bereits vernommen hat, sie bleibt bei der paradoxen Vorstellung, daß das aus dem Mund Herauskommende im Innern verunreinige. Den Tatbestand hätte der Meister etwa so erklären können: Die bösen Worte zwar kommen aus dem Mund heraus, die bösen Gedanken aber, denen sie entstammen, gehen in Wirklichkeit nicht mit ihnen hinaus, sondern bleiben im Innern; gerade dadurch aber, daß die bösen Gedanken in Worte gefaßt und ausgesprochen werden, nehmen sie im Herzen erst eigentlich Gestalt an, wachsen, wuchern, verunreinigen. – Diesen Unterschied jedoch zwischen Gedanken und Worten will er in seiner Erklärung nicht aufzeigen; er will das Widersprüchliche, das Harte und Scharfe seiner gleichnishaften Aussage nicht beseitigen: Zusammen mit den bösen Worten läßt er auch die bösen Gedanken über böse Dinge den Mund verlassen, ja mit den Gedanken sogar auch die bösen Dinge selber! Aus dem Mund heraus kommen, so sagt er, Mord, Ehebruch, Diebstahl usw. Auch hier noch, in seiner Erklärung, wo er seine Aussage doch von den Ungereimtheiten befreien sollte, spielt er das Spiel des gleichnishaften Übertragens weiter. Er liebt das harte, sich reibende Wort, das kühn sich über die Einwände der Vorstellung hinwegsetzt. Was er gesagt hat, mildert er nicht gern; es soll seine Härte behalten.

Das überspitzte Wortspiel, von dem wir hier reden, will nicht bloß die Rüge der Pharisäer lächerlich machen und abwehren, es ist zugleich ein wilder Angriff gegen sie. Denn jeder, der damals vor ihm stand, als sein Anhänger oder Gegner, mußte sich bei diesem Wort daran erinnern, wie er pharisäischem Tadel zu begegnen pflegte; er sagte etwa: Verschluckt einer ein Mücklein, so tadelt ihr ihn, daß er es nicht aus dem Trunk herausgefischt hat; bedenkenlos aber verschluckt *ihr* ein Kamel! Auch dieses Mal vernehmen sie hinter seinem Wort: Verschlucken wir einige Spuren Dreck, weil wir vor dem Essen die Hände nicht gewaschen haben, so tadelt ihr uns; gebt nur ebenso peinlich acht darauf, was aus *eurem* Mund *heraus*kommt! Gegen unbedeutende und harmlose Verunreinigung habt ihr eine Vorschrift, über deren Einhaltung ihr sorgsam wacht, gegen die andere wirkliche und schlimme Verunreinigung, die des Herzens, habt ihr dagegen nichts einzuwenden.

Die Toten
sollen die Toten begraben

Ein hartes, ein grausames, ein unverständliches Wort – Jesus sprach es zu einem Menschen, der zumindest freundschaftliches Mitgefühl verdient hätte (Lk 9,59–60):

Zu einem anderen sagte er: Folge mir nach! Der antwortete: Erlaube mir, zuvor heimzugehen und meinen Vater zu begraben. Jesus sagte zu ihm: Laß die Toten ihre Toten begraben; du aber geh und verkünde das Reich Gottes!

KEIN ZURÜCK

Welche Veranlassung hatte Jesus zu einem derart düsteren und erschreckenden Wort? Laß die Toten ihre Toten begraben! Es war ja lediglich dies geschehen: Er fordert einen jungen Mann auf, ihm als Jünger zu folgen; der ist bereit dazu, er möchte bloß vorher heimgehen und seinen verstorbenen Vater begraben helfen. Der Meister verwehrt es ihm und verlangt damit Unerhörtes. Was soll das?

Wohl jeder Jünger hatte sich, als er sich dem Meister anschloß, von seiner vertrauten Umgebung losreißen müssen. Seinen Angehörigen war es unverständlich,

daß er davonziehen wollte, um mit dem Mann aus Nazaret in Armut und obdachlos zu leben; sie setzten alles daran, ihn zurückzuhalten.
Forderte der Meister einen auf, ihm als Jünger zu folgen, so wollte er ihn sofort mitnehmen, von der Stelle weg, von der Arbeit weg, von den Fischernetzen weg. Er suchte zu verhindern, daß der frisch gewonnene Jünger nochmals nach Hause ging, um von den Seinen Abschied zu nehmen. Es sollte nicht zu der unnötigen und für beide Teile qualvollen Auseinandersetzung kommen.
Zu einem anderen, der sich ihm ebenfalls als Jünger anschließen wollte und ihn bat, zuvor nach Hause gehen zu dürfen, um Abschied zu nehmen, sagte er (Lk 9,62):
Keiner, der die Hand an den Pflug gelegt hat und zurückblickt, ist tauglich für das Reich Gottes.
Das geht wahrscheinlich auf eine alte Spruchweisheit zurück: Legst du die Hand an den Pflug, schau nicht zurück! Das ruhige Bild des Pflügers – nun verwendet in einem äußerst barschen Befehl. Was wäre zu erwarten, wenn der soeben gewonnene Jünger sich weigerte zu gehorchen? Zugeschlagen würde die Tür zum Reich Gottes vor ihm, der doch nur noch von den Seinen Abschied nehmen wollte. Abgewiesen würde er mit dem niederschmetternden Urteil: untauglich!
Und nun, jener neue Jünger, der gerade seinen Vater verloren hatte und nach Hause wollte, um an dessen

Begräbnis teilzunehmen – wie viel härter noch und unglaublicher war das, was ihm geschah! Was sollen wir von der grausamen und schrecklichen Antwort des Meisters halten? – Das ganze Sinnen und Trachten Jesu geht ausschließlich auf das eine: auf die Erfüllung des ihm und den Jüngern von Gott gegebenen Auftrags. Mit Leidenschaft wendet er sich gegen alles, was dieser Verpflichtung entgegenstehen könnte, sei es was es wolle – selbst wenn es eine Pflicht ist, die von alters her nach Sitte und Herkommen unumgänglich erfüllt werden muß. Kurzerhand verbietet er dem neuen Jünger die Erfüllung der selbstverständlichen Sohnespflicht, und dazu mit dem schroffen Wort: «Laß die Toten ihre Toten begraben!»

ZWEIERLEI TOTE

Was heißt aber das: Die Toten sollen die Toten begraben? Der Meister und seine Jünger befassen sich mit dem Leben. Und Leben heißt für sie das ewige Leben, und dieses wird zugleich das Leben im Reich Gottes sein. Im Vergleich zu diesem wahren Leben ist unser gewöhnliches sogenanntes Leben soviel wie Tod. – Du, sagt er zu dem jungen Mann, kümmere dich um das wahre Leben, verkünde das Reich Gottes! Und tu nichts anderes! Deinen toten Vater sollen die anderen, deine Leute, die vom wahren Leben nichts wissen wollen und deren Leben soviel wie Tod ist, begraben. Sie, die soviel wie Tote sind, sollen sich mit dem Toten befassen!

So hart und unheimlich das ist, was der Meister dem neuen Jünger da sagt – es entstammt dennoch dem Wesensbezirk des Witzes. Denn es ist ein paradoxes Wortspiel, das einen Ausdruck in zweifacher Bedeutung benützt. Die einen Toten, von denen es redet, sind, dem gewöhnlichen Sinn entsprechend, die Gestorbenen; die anderen Toten dagegen sind die nicht für das wahre Leben Gewonnenen, diejenigen also, die im Vergleich zu den wahrhaft Lebenden Tote sind. Diese Toten sollen jene Toten begraben: die Toten die Toten!

Nun beruht der Scherz eines Wortspiels dieser Art darauf, daß es so redet, als hätte das in doppeltem Sinn gebrauchte Wort doch nur die eine Bedeutung, nämlich die gemeinhin gewohnte. So wird denn hier ein gespenstischer Leichenzug gezeichnet, in welchem Tote einen Toten zur Ruhe tragen. Noch unheimlicher, noch gespenstischer erscheint das Bild durch das kleine besitzanzeigende Wörtchen «ihre»: Laß die Toten *ihre* Toten begraben. Man vergegenwärtige sich das: Von den Toten ist einer gestorben! Und nun tragen die Toten diesen ihren Toten zur Ruhe. Zutiefst erschreckend für den neuen Jünger ist es, daß seine Angehörigen, seine Mutter, seine Brüder und Schwestern an dem schaurigen Bild teilhaben. Nicht nur ist sein Vater tot, auch alle die Seinen nennt der Meister Tote.

Wie sprach Jesus wohl dieses unheimliche Wort? Sprach er es, da es von grausamer Härte ist, mit hartem Ton? Sprach er es etwa, da es ja zugleich ein Wortspiel ist, mit scherzendem Ton? Dies sicher nicht. In dem Ton ist gewiß zunächst Bitterkeit darüber, daß der junge Mann von den Seinen durch eine unerbittliche Mauer getrennt ist. Aber freilich, ein Bedauern in der Form einer höchst grausamen und zugleich irgendwie scherzenden paradoxen Aussage klingt doch dem Hohn ähnlich; aber es ist ein Hohn der Verzweiflung, der vor allem auf die eigene Ohnmacht abzielt. Wie viele Gemütsstimmungen sind bei diesem sonderbaren Wort gleichzeitig beteiligt! Bedauern, Unmut, Unbeugsamkeit, Ohnmacht, Verzweiflung, Hohn – alles dies ist darin. Harter, böse scherzender Einfall: Die Toten sollen ihre Toten begraben!

HIN ZUM WAHREN LEBEN!

Unmittelbar danach folgt das ganz andere, das hell Klingende, die leidenschaftliche Aufforderung an den jungen Mann, sich der Aufgabe, dem Ziel zuzuwenden, dem wahren Leben. Anstatt sich der Totenklage zu ergeben soll er gleich mitkommen und mithelfen, die frohe Botschaft auszurufen: «Du aber geh und verkünde das Reich Gottes!» Die Aufforderung wirft etwas von ihrer feurigen Glut zurück auf jenes erschreckende Wort und mag ihm etwas von der grausamen Härte nehmen; ja, es will von hier aus beinahe scheinen, daß der Meister das gespenstische Wort trotz allem mit einem gewissen leichten und die Härte überspielenden Ton gesprochen habe: Laß jene Welt der Toten, sie ist nicht die unsere! Daß es jene Welt gibt, ist wohl eine schmerzliche Tatsache. Kümmere dich nicht darum, laß dich nicht beirren! Laß die Toten ihre Toten begraben! Befasse dich ganz mit den Lebenden und mit denen, die zum Leben gerufen werden wollen!

Könige im Himmelreich

Zu den bekanntesten Worten Jesu gehören die Seligpreisungen – nennen wir sie lieber Glücklichpreisungen. Denn das Wort «selig» hat, nicht zuletzt gerade von diesen Preisungen her, einen besonderen auf das Himmelreich hindeutenden Weiheduft angenommen. Dem Wort, das Jesus damals brauchte, haftete nichts derartiges an. Ebensowenig unserem Wort «selig» zu der Zeit, als Luther übersetzte; damals hieß es ganz einfach glücklich, innerlich glücklich (lateinisch beatus).

Nun sind die Glücklichpreisungen in zwei verschiedenen Fassungen überliefert. Beide sind echt; aber Jesus hat sie bei ganz verschiedenen Gelegenheiten gesprochen; denn die jeweils vergleichbaren Preisungen weichen in ganz bestimmter Weise voneinander ab. Lukas (6,20–26) stellt vor den Beginn einer Predigt, die in mancher Bibelausgabe heute die Feldrede genannt wird, vier Glückrufe (gefolgt von vier Weherufen); Jesus sprach sie zu den Jüngern allein, um sie zu *trösten*. Matthäus (5,3–10) läßt die Bergpredigt mit unseren berühmten acht Glücklichpreisungen beginnen; Jesus sprach diese vor dem fröhlich gestimmten Volk, um es zu *begeistern*. Verschiedene Anzeichen sprechen dafür, daß die bei Lukas überlieferte Fassung die frühere ist und die bei Matthäus überlieferte die spätere, dem veränderten Gebrauch angepaßte.

WIE ER DIE JÜNGER STÄRKT

Die Jünger waren, wie schon oft, in verzweifelter Stimmung zu ihrem Meister gekommen, hatten über die von ihm auferlegte Armut geklagt, über ihren Hunger, über Schmähungen und Verunglimpfungen, denen sie ausgesetzt waren. Der Meister tröstet sie auf seltsame Art – sein Trost klingt stets eigenartig. Er versucht nicht, ihnen zu zeigen, daß das auf ihnen Lastende nur halb so schwer sei. Er tröstet sie vielmehr, indem er sie glücklich preist. Die Stelle lautet (Lk 6,20–23):

Er richtete seine Augen auf seine Jünger und sagte:
Glücklich ihr Armen; denn euch gehört das Reich Gottes.
Glücklich, die ihr jetzt hungert; denn ihr werdet gesättigt werden.
Glücklich, die ihr jetzt weint; denn ihr werdet lachen.
Glücklich seid ihr, wenn euch die Menschen hassen und aus ihrer Gemeinschaft ausschließen, wenn sie euch beschimpfen und euch in Verruf bringen um des Menschensohnes willen. Freut euch und jauchzt an jenem Tag; euer Lohn im Himmel wird groß sein.

Glücklich also sind sie gerade um dessentwillen, weswegen sie unglücklich sind. Glücklich ihr Armen, ihr

Hungernden, ihr Weinenden, Ihr Gehaßten und Ausgestoßenen. Es entspricht ganz der Art Jesu, in äußersten Gegensätzen zu denken: Er stellt ihnen (wenn wir vom ersten Glückruf absehen) das genau gegenüberliegende Glück in Aussicht. Glücklich ihr Weinenden; denn ihr werdet lachen. – Wehe aber denen, ruft er weiter, die in allem euer Gegenteil sind: Wehe euch, ihr Reichen, ihr Satten, ihr Lachenden, ihr, von denen sie Gutes reden. Hier umgekehrt, z.B.: Wehe euch, ihr Lachenden (gemeint: ihr grausam und protzig Lachenden), ihr werdet weinen.
Wir werden auf diese erste Fassung gelegentlich zurückgreifen, wenn wir nun die acht bekannten Glücklichpreisungen etwas eingehender betrachten.

DIE GLÜCKLICHPREISUNGEN VOR DEM VOLK

Sie lauten (Mt 5,3–10):
Glücklich die Armen am Geist; denn ihnen gehört das Himmelreich.
Glücklich die Trauernden; denn sie werden getröstet werden.
Glücklich die Sanften; denn sie werden das Land bekommen.
Glücklich, die hungern und dürsten nach der Gerechtigkeit; denn sie werden gesättigt werden.
Glücklich die Barmherzigen; denn sie werden Barmherzigkeit erlangen.

Glücklich, die reinen Herzens sind; denn sie werden Gott schauen.
Glücklich die Friedfertigen (die Frieden machen); denn sie werden Söhne Gottes genannt werden.
Glücklich, die um der Gerechtigkeit willen verfolgt werden; denn ihnen gehört das Himmelreich.
All diese Preisungen sind von derselben sprachlichen Gestalt. Sie bestehen je aus einer Behauptung (Glücklich die und die) und deren Begründung (denn sie werden).
In allem menschlichen Reden nimmt das Behaupten und Begründen einen großen Raum ein. Wer aber eine sonderbare Behauptung aufstellt und ihr eine ebenso sonderbare Begründung folgen läßt, macht den Eindruck eines Scherzenden. – Auf solchem Spaß beruhen denn auch viele Witzworte und Anekdoten. Ein Beispiel: Ein Wanderer singt und pfeift beim mühsamen Bergansteigen; dem keuchenden Gefährten, der sich darüber wundert, erklärt er: Ich denke, wie angenehm es nachher abwärts gehen wird. Glücklich also, wer mühsam bergan kriecht; denn er wird später unbeschwert bergab wandern. Oder die Spartaneranekdote: Auf die Drohung eines Persers: Unsere Pfeile werden euch die Sonne verfinstern!, sagt ein Spartaner: Um so besser, dann werden wir im Schatten kämpfen. Glücklich also, wem die feindlichen Pfeile die Sonne verfinstern; denn er kämpft im Schatten.
Die Glücklichpreisungen – von solcher Gestalt zwar

– reden jedoch von letzten Dingen. Ihre Begründungen (denn sie werden) sind jeweils zugleich Verheißungen. Sie reden vom Reich Gottes. Da das Reich Gottes weder vorstellbar noch in Worte faßbar ist, können Aussagen darüber nur andeutend und gleichnishaft sein. So ist es nicht verwunderlich, daß Worte, die da von letzter Wahrheit und letzter Herrlichkeit reden, übermütige, ja groteske Züge aufweisen. Gerade das Groteske in seiner Übertreibung enthält hier Wahrheit, insofern als es auf den geradzu tollen Gegensatz zwischen unserer und jener Welt weist.
Wie war das wohl damals, als Jesus diese Glückrufe vor dem Volk sprach? Gewiß ist, daß er sie mit freudiger Stimme in die Leute hineinrief und daß dabei seine Augen in Begeisterung blitzten. Es war aber eine Begeisterung, in der sich tiefer Ernst mit höchstem Jubel verband. Gewiß auch hat er die acht Sätze nicht rasch hintereinander auf das Volk herabprasseln und als ein Feuerwerk versprühen lassen. Jede der acht Preisungen ist eine Verkündigung. Jedesmal läßt er der Behauptung (Glücklich die...) eine spannungsvoll fragende Pause folgen (weshalb sollten sie glücklich sein?), worauf er, überraschend und befreiend, der vor ihm stehenden Menge die Begründung, die Verheißung zuruft. Und diese Verheißungen sind für die Menschen des Volkes froheste Botschaft. Glücklich seid gerade ihr!
Denn allen hier Glücklichgepriesenen gemeinsam ist dies: Sie gelten in unserer Welt als die Schwachen. Es

sind die Weichen, Sanften, Mitleidigen, Barmherzigen, aber auch die Verfolgten, Unterdrückten, Trauernden. Als Starke gelten in unserer Welt die Harten, Rücksichtslosen, Grausamen, Unbarmherzigen, die Erfolgreichen, die Unterdrücker. Jenen Schwachen wird hier etwas verheißen, was ihre Schwäche sogar als ihr Glück aufzeigt.

KÜHNE BEHAUPTUNG – KÜHNE BEGRÜNDUNG

Diese Glücksrufe, so sagten wir, weisen eine Redeform auf, deren scherzartige Wirkung auf zwei Kühnheiten beruht: auf der Kühnheit einer Behauptung und vor allen auf der Kühnheit ihrer Begründung. Nun wird man uns unter den acht Preisungen zunächst zwei nennen, bei denen gerade die Begründung, die ja eigentlich die Pointe bringen sollte, keineswegs überraschend und kühn, sondern höchst naheliegend und blaß erscheint. Die eine: «Glücklich die Trauernden; denn sie werden getröstet werden.» Die andere: «Glücklich, die hungern und dürsten nach der Gerechtigkeit; denn sie werden gesättigt werden.» Kühn und scharf widersprüchlich freilich ist bei beiden der erste Teil, die Behauptung. Glücklich die Trauernden, glücklich die nach Gerechtigkeit Hungernden. Also: Glücklich die Unglücklichen! Etwas Paradoxeres ist undenkbar. Eine so widersprüchliche Behauptung bedürfte doch der Untermauerung durch eine ebenfalls kühne Begründung. Aber eine solche bleibt aus. Es folgt bloß das Zunächstliegende: Trauernde werden getröstet, Hungernde gesättigt. Und nimmt man beides zusammen, Behauptung und Begründung – wie unsinnig redet der nackte Wortlaut! Jetzt, da sie trauern und hungern, sind sie glücklich – warum? –, weil sie später getröstet und gesättigt werden! Nein doch, wenn ich unglücklich bin, so bin ich gewiß nicht glücklich deshalb, weil ich später getröstet werde. Da verzichte ich lieber auf das gegenwärtige Unglück samt dem zukünftigen Trost. – Redet also Jesus blanken Unsinn? Er tut etwas anderes: Er wagt es, einen Gedanken, einen sehr hohen, in einen unsinnigen Wortlaut zu kleiden. Im Wortlaut aber ist eine gewaltige Untertreibung (das Gegenteil einer Übertreibung). Denn wie unendlich viel mehr als bloße Tröstung, als bloße Stillung des Weinens wird euch da verheißen! Und durch die Begeisterung in Blick und Stimme hebt Jesus das allzu bescheidene Wort in die höchste Höhe hinauf: Verheißen wird euch in diesem ‹Trost› das ganze paradiesische Glück des Himmelreichs! So überschwenglich glücklich wird es euch machen, wie ihr es euch hier gar nicht vorstellen könnt. In der Erwartung dieses Glücks, dieses ‹Trostes› müßt ihr schon jetzt glücklich sein, auch wenn ihr noch so beladen, noch so unglücklich seid!

Nun ist da noch eine Preisung, deren Wortlaut erstaunlicherweise überhaupt keine Kühnheit und

Überraschung aufweist, weder in der Behauptung noch in der Begründung. «Glücklich die Barmherzigen; denn sie werden Barmherzigkeit erlangen.» Das klingt höchst selbstverständlich. Was sie gegeben haben, bekommen sie wieder. Sie werden haben, was sie verdienen. Überraschend ist das nicht, nur gerecht. Auch hier eine ähnliche, womöglich noch gewaltigere Untertreibung: Für ihre Barmherzigkeit, also für ihre Nächstenliebe in weitestem Sinn, werden sie Barmherzigkeit haben. – Das aber wird die Liebe Gottes selbst sein! Seine Liebe und seine Nähe wird er ihnen schenken!

Haben wir in den drei bis jetzt behandelten Preisungen zwar gewaltigen Überschwang festgestellt, obgleich sie von den kühnen Möglichkeiten unserer Redeform (Behauptung und Begründung) nur teilweisen Gebrauch machen, so zeigen die fünf anderen nun auch in ihrem Wortlaut das, was wir von dieser Redeform erwarten: sowohl in der Behauptung wie auch in der Begründung höchste Kühnheit, ja auch Übermut.

Wohl die lauteste Verwunderung wurde bei den Zuhörern hervorgerufen durch die Verheißung: «Glücklich die Sanften; denn sie werden das Land bekommen.» Eigentümer des Landes waren vor allem einheimische Großgrundbesitzer; zugleich stand das Land unter römischer Besatzungsherrschaft. So hört sich der Glückruf beinahe politisch an: Keine Leuteschinder mehr auf den Feldern! Keine römischen Statthalter mehr! Andere werden das Land besitzen – wer denn? – die Leute staunen: Die Sanften, die Sanftmütigen, just diejenigen also, die doch sonst stets zu kurz kommen. Jedes Bild, das wir uns vom Reich Gottes machen, ist in grotesker Weise widersprüchlich, sobald wir es – und wir werden ja dazu gedrängt – in Verbindung bringen mit Bildern und Vorstellungen unserer hiesigen Welt. Und so lachen denn wohl vor allem die gewiß zahlreichen zuhörenden Tagelöhner, als sie sich das vergegenwärtigen: Mildherzige Leuteschinder werden wir dort haben!... So etwa tönt ihnen die Verheißung im Ohr. Doch sie wissen, daß dieser Jesus nicht gekommen ist, um ihre gegenwärtigen Bedrücker davonzujagen. Er ist gekommen, um die Herzen der Menschen zu verändern und das Reich Gottes herbeizuführen; dort werden von selbst alle Übelstände verschwunden sein. Dort wird eine andere Macht, eine gute, wenn überhaupt noch Macht notwendig sein sollte, an die Stelle der bösen treten; und diese Macht auszuüben, dazu werden die imstande sein, die in unserer Welt für die Machtausübung die Ungeeignetsten sind, die Sanften, die Sanftmütigen!

Ein ähnliches Staunen ging durch das Volk nach dem Ruf: «Glücklich die Friedfertigen (die Frieden machen); denn sie werden Söhne Gottes genannt werden.» Söhne Gottes! Das sind nicht bloß Gottes Lieblinge. Im Zusammenhang mit Krieg und Frieden bedeuten «Söhne» oft soviel wie Krieger. Die mit friedenbietender Hand dem Feind entgegengehen, die werden Krieger Gottes heißen! Wie offenbar im Reich Gottes alles in toller Weise sonderbar ist, so sind das allerdings sonderbare Krieger. Wiederum überträgt Jesus in groteskem Spiel eine Einrichtung dieser Welt auf das Reich Gottes, wo sie völlig ausgeschlossen ist. Einen Sinn hat die Übertragung als Vergleich: Wie ein bedrohtes Volk dieser Welt seine Kämpfer liebt, weil auf ihrer Tüchtigkeit das Bestehen und Weiterleben des Volkes beruht, so wird auch der Vater im Himmel jene seine «Söhne» lieben, weil ebenfalls auf ihrer besonderen Tüchtigkeit und Haltung das Bestehen seines Reiches beruht. Ihre Tüchtigkeit und Haltung aber ist von sehr unkriegerischer Art, sie ist Friedfertigkeit, Friedensbereitschaft, Verträglichkeit: Nächstenliebe also, die auch die Feinde einschließt.

Von den Glücklichpreisungen hat jede einen andern Klang. Den Ton der beiden soeben erwähnten kann man sich wohl etwas rauh und robust vorstellen. Eine andere jedoch klingt beinahe überirdisch, harmonisch, verhaltener: «Glücklich, die reinen Herzens sind; denn sie werden Gott schauen.» Ihn, den Unbekannten, Unerkennbaren werden sie schauen! Wem wird das verheißen? Das sind wohl die, die mit den Menschen, mit Gott und mit sich im reinen sind, die ihren Schuldnern die Schuld erlassen haben und deren Schuld auch der Vater im Himmel erlassen hat. Wer dagegen mit sich und den Menschen und mit

Gott im unreinen ist, hat Angst vor Gott. Aus der Unsicherheit seines Herzens heraus hält er ihn für ein unberechenbares Wesen, das man mit Dienst und Opfern günstig stimmen muß. Jesus hat stets gezeigt, daß Gott von anderer Art ist, nicht finster, sondern heiter, und daß er auf das Herz schaut.

WER SIND DIE ARMEN AM GEIST?

Von den acht Glücklichpreisungen sind nun noch zwei übrig, die erste und die letzte. Die beiden stimmen überein in ihrem zweiten Teil, der Verheißung: «denn ihnen gehört das Himmelreich».

Die erste aber ist die schwierigste von allen, für uns heute nicht auf Anhieb verständlich. «Glücklich die Armen am Geist; denn ihnen gehört das Himmelreich.» (Die meisten Übersetzungen sagen: «die geistlich Armen» oder «die Armen im Geist»; wir halten uns an die ganz wörtliche Übersetzung: «die Armen am Geist».) Wer sind die Armen am Geist?

Damals, als der Meister die über ihre Armut und Entbehrungen klagenden Jünger tröstete, sagte er zu ihnen: «Glücklich ihr Armen». Jetzt aber, vor dem Volk, da freudig gestimmte Menschen vor ihm stehen, nicht mutlose und klagende, will er ausdrücklich von *anderen* «Armen» reden. Und er fügt eben unser «am Geist» hinzu. Also nicht mehr an Hab und Gut Arme, sondern Arme in einem anderen,

offenbar nicht materiellen Sinn. Aber was heißt «am Geist»?
Es ist zweckmäßig, zunächst nicht danach zu fragen, wer diese Armen am Geist sind, sondern danach, was ihnen verheißen ist. Ihnen gehört das Himmelreich – die «basileia» des Himmels. Das griechische Wort «basileia» umfaßt verschiedene Bedeutungen, die das Deutsche auseinanderhält: Königsherrschaft, Königtum, Königreich. «Ihnen gehört die Königsherrschaft, das Königtum des Himmels» heißt dann: Sie sind im Himmelreich Könige. Könige? Unwillig wird man einwenden: Ist nicht Gott allein König seines Reiches? Darauf ist zu antworten: Gewiß ist Gott der König, doch werden im Altertum nicht selten auch dem König Nahestehende, seine Brüder oder Söhne, manchmal auch Ratsherren, ebenfalls «Könige» genannt. Diese sonderbar scheinende Deutung wird durch eine nicht zu unterschätzende sprachliche Kleinigkeit gestützt. Die Glücklichpreisungen sind zwar Aussagen für die Gegenwart; ihre Begründungen aber sind Verheißungen, die sich erst im Reich Gottes erfüllen werden und die daher im Futurum stehen. Eine einzige Begründung, eben diejenige, die der ersten und der letzten Preisung gemeinsam ist, bildet hierin eine Ausnahme; sie steht im Präsens: «denn ihnen *gehört* die Königsherrschaft» – nicht: ihnen wird die Königsherrschaft gehören. «Denn ihrer *ist* die basileia der Himmel», heißt es ganz wörtlich. Die sprachliche Kleinigkeit ist kein Zufall. Zugege-

ben, die Armen am Geist oder die um der Gerechtigkeit willen Verfolgten werden erst in Zukunft in jener Welt die Ersten sein; jetzt und in dieser Welt sind sie es noch nicht. Was soll also das Präsens? Wer im Altertum seinen Anspruch auf das Königtum anmeldete, sagte nicht: Ich will König sein!, oder: Ich werde König sein!, sondern: Ich *bin* König! Und seine Anhänger riefen ihm nicht zu: Du sollst (oder du wirst) unser König sein, sondern: Du bist unser König! So dürfen wir wohl in der ersten und in der letzten Glücklichpreisung aus den Worten «denn ihnen gehört die Königsherrschaft der Himmel» den gewaltig triumphierenden Sinn heraushören: «Denn sie *sind* Könige im Himmelreich.» Hier und jetzt ruft sie der Meister zu Königen des kommenden Reiches aus.

DIE ARMEN AN MACHTGEIST

Und nun endlich: Wer sind sie, die «Armen am Geist», die in der ersten Glücklichpreisung zu Königen ausgerufen werden? Was bedeutet hier «Geist»? Das griechische Wort «pneuma» heißt zunächst Atem, dann Lebensatem, Leben, Lebenskraft, dann überhaupt irgendeine innere Kraft, ein innerer Drang – immer so, daß etwas von der Grundbedeutung fühlbar bleibt, nämlich die Vorstellung einer aus innerem Geladensein hervorstoßenden wogenden und atmenden Kraft.

Sobald wir ein Wort hören, das wie dieses einen weiten Bedeutungsraum hat, stürzt sich unser Sprachgefühl auf den Zusammenhang, um daraus die diesmal gemeinte Bedeutungsrichtung zu erschließen. Das Wort «pneuma» kommt im Neuen Testament in verschiedensten Bedeutungen vor. Zum Beispiel (Eph 5,18): «Berauscht euch nicht mit Wein, sondern werdet voll ‹pneuma›.» Hier ist «pneuma» die Stimmung der Begeisterung für Gott, verglichen mit der des Berauschtseins. Oder (Apg 17,16): «Während Paulus sie in Athen erwartete, entrüstete sich sein ‹pneuma› in ihm, da er sah, wie die Stadt voll Götzenbilder war.» Ein innerer Zorn schwoll an in seiner Brust. Schließlich (Lk 9,39): «Sieh, ein ‹pneuma› ergreift ihn, und auf einmal schreit er und es (das ‹pneuma›) reißt ihn hin und her, so daß er schäumt.» Der Druck der Besessenheit, ein Dämon, nimmt von diesem Kranken Besitz.

Was ist nun an unserer Stelle dieses «pneuma»? Fragen wir so herum: Welches ist der Drang in der Brust desjenigen, der in unserer irdischen Welt ein König oder sonst ein Machthaber sein will? Es ist etwa Tatendrang, Unternehmungsgeist, Energie, Ehrgeiz, Entfaltungswille, Wille zur Macht, im ganzen also: «Machtgeist». Also: Glücklich die, die arm sind an Machtgeist; gerade sie sind die geborenen «Machthaber» jenes kommenden Reichs.

Mir ist freilich keine zweite Stelle bekannt, wo das griechische «pneuma» gerade Machtgeist bedeutet.

Aber angenommen, daß die Damaligen diese Bedeutung nie zuvor gehört hätten, sie mußte sich ihnen an dieser Stelle aufdrängen. (Hierzu finde ich eine indirekte Bestätigung bei dem römischen Geschichtsschreiber Livius [21,1,5]. Er braucht das entsprechende Wort «spiritus» in derselben Bedeutung an einer ebenfalls vereinzelten Stelle: er sagt von dem Feldherrn Hamilkar: «Der Verlust Siziliens wurmte den Mann von ungeheurem ‹spiritus›.» Was nur heißen kann: den Mann von ungeheurem Machtwillen, Ehrgeiz, Machtgeist. Selbst ohne anderen Beleg kann man – auch hier – nichts anderes verstehen.)
Wahrheit über das Reich Gottes verkünde Jesus in den Glücklichpreisungen, sagten wir und fügten bei, man vermöge über jene Welt mangels Erfahrung nur gleichnishaft zu reden. Und nun hört man: An Machtgeist Arme werden Machthaber, Könige sein! Und: Friedfertige werden Krieger sein! Und: Sanftmütige werden Landbeherrscher sein! Wenn sie auch bloß «gewissermaßen», bloß «gleichsam» Könige, Krieger, Landbeherrscher sein werden, so preist er sie trotzdem nicht als «gleichsam» Glückliche, sondern als wahrhaft Glückliche. Die zuhörenden Menschen freuen sich des Verheißenen – nicht weniger als wäre es ihnen für diese Welt verheißen. Ja, um so größer ist in ihnen der Jubel, als sie wissen, daß die Wahrheit, die hier in all dem Paradoxen, in all dem Gleichnishaften, in all dem ernsten Scherzen dargestellt ist, nichts anderes sein kann als dies: Was da an Macht

und Herrlichkeit verheißen ist, wird von ganz anderer und von viel beglückender Art sein, als was auf Erden Macht und Herrlichkeit bedeutet. Die dort im Reich Gottes geltende Macht wird allein die Liebe sein.

THEMA MIT VARIATIONEN

Und nun werden wir uns einer bemerkenswerten Tatsache bewußt: Zu denen, die Jesus in dieser ersten Preisung die Armen an Machtgeist nennt, gehören ja auch alle anderen, die er in den folgenden Rufen anspricht. Arme an Machtgeist sind neben den Gewaltlosen und Friedliebenden auch die Barmherzigen, die Herzensreinen, aber auch diejenigen, die leiden und sich ihrer Not zu erwehren haben, die Niedergeschmetterten, die Trauernden, die nach Gerechtigkeit Hungernden, die Verfolgten. – So könnte man die Glücklichpreisungen geradezu als ein Thema mit Variationen bezeichnen: Der erste Ruf ist das Thema, die andern sieben sind Abwandlungen dazu. Und wie bei einem musikalischen Variationensatz, so sind auch hier die Variationen unterschiedlich in Klang und Stimmung. Wie aber bei einem Variationensatz der Schluß, die letzte Variation, sehr oft eine ausdrückliche Hinwendung und Rückkehr zum Thema bringt, wodurch das Ganze in großem Bogen umspannt wird, gerade so weist die letzte der Glücklichpreisungen wieder auf die erste, auf das Thema zurück, indem sie dieselbe auffällige Verkündigung aufnimmt: «denn sie sind Könige im Himmelreich».

In dieser letzten Preisung spricht Jesus von den um der Gerechtigkeit willen Verfolgten. Könige im Himmelreich nennt er auch sie. Damit erreicht seine Kühnheit – auch hier, wie so oft – den äußersten, den alleräußersten Punkt beider Richtungen: die Allerunglücklichsten – die Allerhöchsten! Hier redet er die Jünger an und alle, die es werden wollen. Und er faßt die vor ihm stehenden Menschen noch schärfer ins Auge. Jetzt spricht er sie an mit dem unmittelbaren «ihr» der zweiten Person. Er sagt (Mt 5,11–12):

Glücklich seid ihr, wenn ihr um meinetwillen beschimpft und verfolgt und auf alle mögliche Weise verleumdet werdet. Freut euch und jubelt: Euer Lohn im Himmel wird groß sein.

Jenes Mal, als er die Jünger tröstete, sprach er ähnlich. Jene fühlten sich damals tatsächlich beschimpft und ausgestoßen. Er übernimmt die Worte jetzt vor dem fröhlich und begeistert gestimmten Volk. Jetzt heißen sie: Wenn es dazu kommt, daß ihr um unserer Sache willen verfolgt werdet und durchhaltet, dann, in der Bewährung, wenn ihr die Allerletzten auf Erden seid: Freut euch und jubelt! Denn dann seid ihr zugleich Könige im Himmelreich!